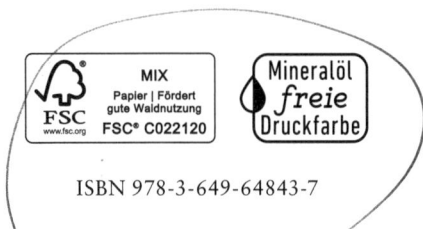

ISBN 978-3-649-64843-7

© 2024 Coppenrath Verlag GmbH & Co. KG,
Hafenweg 30, 48155 Münster, Germany
Textsammlung: Kreativlektorat Daniela Vogel, Finnentrop
Textsatz & grafische Gestaltung: Elmar Möllmann, Internetlitho
Redaktion: Charlotte Horvath

www.coppenrath.de

Rente gut, alles gut!

Mit Illustrationen
von Kai Würbs

COPPENRATH

Inhalt

Was heißt hier Senior?

Älterwerden ist eine seltsame Sache. Lange leben möchte jeder, älter werden will keiner. In der Wirtschaft ist man bekanntlich ganz oben angekommen, wenn auf der Visitenkarte das Wort „Senior" prangt. Man ist dann „Senior Partner", also einer von denen, die das viele Geld bekommen. „Senior Vice President", einer von denen, die noch mehr Geld bekommen und dafür bezahlt werden, dass sie die Firmenzigarren rauchen. Oder wenigstens „Senior Assistant", also der Obersklave, der die Peitsche über den anderen Sklaven schwingen darf.

Außerhalb der Wirtschaft ist das eher anders: Wenn „Senior" davorsteht, ist meist nur mickriger Kleinkram drin. Zum Beispiel bei der „Seniorenportion". Genial: Du zahlst zehn Prozent weniger und bekommst dafür nur die Hälfte. Oder beim „Seniorenabend": Die Band ist schlecht, die Stimmung irgendwo zwischen Kreishospiz und Aussegnungshalle – und am Ende des Abends werden Miss Kukident und Mister Rock 'n' Rollator gewählt. Kein Wunder, dass sich so viele Menschen vor dem Altwerden fürchten. Wenn es das ist, was man von uns erwartet: keine Power, keine Laune und keine Ansprüche mehr zu haben ...

Dabei gibt es eine Menge Beispiele dafür, dass Alter eher ein Anlass für weitaus bessere Qualität ist. Menschen altern wie Wein oder wie Whisky: Je mehr Jahre sie auf dem Kerbholz haben, desto mehr Geschmack haben sie. Sie altern wie Bäume: Je mehr Ringe sie zählen, umso stolzer und schöner sehen sie aus. Sie altern wie Käse: Je älter sie sind, umso mehr Charakter haben sie. Und kommen Sie mir jetzt nicht mit dem Geruch!

Das mögen nette Redensarten sein, aber ich finde, es ist auch wirklich etwas dran. Wenn ich mir die Fotos ansehe, als ich halb so alt war – ich würde nicht anziehen, was ich damals getragen habe. Und ich habe vielleicht ein paar Pfunde zu viel auf den Rippen, aber die machen wenigstens was her! Außerdem weiß ich heute, was mir wirklich wichtig ist, und muss nicht jeder Mode und jedem Unsinn hinterherlaufen.

Es gab eine ziemlich lange Zeit, da war ich für jedes weiße Haar und jede Falte dankbar, weil es mir half, mich ein wenig von der Rolle des glatten Schnösels und Schönlings zu befreien. Dann gab es eine ziemlich kurze Zeit, in der ich doch wieder gerne jünger gewesen wäre (als mir nämlich aufging, dass mit dem Älterwerden auch ein paar körperliche Einschränkungen verbunden sind). Inzwischen nervt mich nur noch die Sicht der Jüngeren auf die Älteren. Ich meine, welcher Vollpfosten hat sich im Ernst das „Seniorenschnitzel" ausgedacht? Kann ich nicht einfach sagen: „Machen Sie mir ein kleineres", wenn ich keinen großen Hunger habe? „Seniorentreff"! Wer glaubt, dass Alte nur unter sich sein wollen? Sollen wir uns nur noch über die Zipperlein unterhalten, über Stützstrümpfe und Harndrang? Nein! Eine nette Gesellschaft ist dann schön, wenn es Alte und Junge gibt, am besten auch noch ein paar Kinder, damit Leben in die Bude kommt. Unter Senioren kann ich sein, wenn ich unter der Erde bin. Auch so ein Unsinn: das „Seniorenweb" – Internet für Alte. Ja, das gibt es tatsächlich, und das klingt, als würde man sagen: Fußball für Fußlahme. Es existiert tatsächlich so ein Paralleluniversum, ein Internet, in das man vermutlich erst eintreten darf, wenn man die fünfzig überschritten hat. Da guckt man dann wahrscheinlich Livestream in Zeitlupe, macht Couch-Surfing in Altenheimen, ordert Bücher in Großdruck, Schlafanzüge in Übergrößen und guckt Rentnerpornos? Ich bin für die Verbannung mindestens der Hälfte aller Wörter, die mit „Senioren-" anfangen, aus unserem Wortschatz. Sie sind irreführend, peinlich und diskriminierend. Und überhaupt: Wer hat sich das ausgedacht, dass man heute mit fünfzig Lenzen Senior ist? Unsere Superministerin Andrea Nahles schraubt ja bereits heftig an der Senioren-Grenze. Rentner mit dreiundsechzig! Ein Witz. Dann kann sie als Erstes ihre halbe Bundestagsfraktion in den Ruhestand schicken.

Was soll denn werden, wenn wir alle schon bald achtzig Jahre und älter werden, wenn die Generation der heutigen Kinder bereits eine Lebenserwartung von hundert Jahren hat? Wollen die wirklich die Hälfte ihrer Zeit auf dem Planeten als Senioren verbringen? Aber vielleicht ist das auch die Lösung: Wir schicken die über Achtzigjährigen ins Weltall. Nach einer ausgedehnten Butterfahrt durchs Universum kommen sie deutlich jünger zurück, als sie losgeflogen sind. Tatsache! Glauben Sie nicht? Dann lesen Sie mal „P.M." oder ein anderes Fachmagazin.

Wer wirklich in den Herbst seines Lebens startet, für den werden die Jahre, die er noch hat, immer wertvoller. Die will er nicht mit schlechter Unterhaltung, peinlichen Angeboten und mickrigen Portionen verbringen. Wir „Ältere" wollen es krachen lassen! Wir wollen schlemmen und genießen! Wir wollen uns austoben. „Seniorenpower" ist nichts anderes als das, was in dem Wort drinsteckt: Power! Ohne jede Einschränkung.

Ich rufe hiermit auf zur Revolution der Alten.

Gitta Edelmann

Mein Handy und ich

Endlich hatte mich meine Tochter soweit gekriegt: Ich besaß ein Handy. Keine dieser gesichtslosen Smartphone-Platten natürlich, nein – Tasten mussten es für mich schon sein. Bisher hatte ich mich der modernen Technik strikt verschlossen, aber dann nahm ich nach meiner Pensionierung ein Ehrenamt in der Senioreneinrichtung am anderen Ende unserer nicht ganz kleinen Stadt an. Und nachdem es ein paar Mal durch unpünktliche Busse später wurde und meine Familie daheim wartete, ohne mich zu erreichen, hatte ich kein Argument mehr, um mich ihren Sorgen entgegenzustellen. Also her mit dem Ding.

Handlich war es tatsächlich und das Klingeln konnte man glücklicherweise auch leise einstellen. Ich bin nämlich ein wenig schreckhaft. Meine Tochter erklärte mir die Tasten. Zuerst natürlich nur die wichtigsten, um mich nicht zu überfordern. Dann überließ sie mein Handy und mich unserem Schicksal. Ich probierte den ganzen Abend lang, rief unseren Festnetzanschluss an, übte SMS-Schreiben, spielte Snake und es war – geil! Ich fühlte mich 20 Jahre jünger. Oder sogar 25.

Am nächsten Morgen war ich ein wenig knapp dran. Schnell schnappte ich noch das Handy vom Wohnzimmertisch, bevor ich zum Bus hetzte. Man weiß leider bei uns mit den Bussen nie. Mal fahren sie eine Minute vor der offiziellen Abfahrtszeit los, ein anderes Mal kommen sie gar nicht.

Diese Hinfahrt klappte.

Aber wieder einmal kam der Bus für die Rückfahrt nicht pünktlich. Ich fluchte etwa zehn Minuten lang leise vor mich hin. Dann fiel es mir heiß und innig ein: Ich besaß ein Handy! Ich konnte einfach anrufen und meiner Tochter sagen, dass ich später kommen würde. Beschwingt öffnete ich meine große Tasche und angelte nach dem guten Stück. Kein ganz einfaches Unterfangen in einer nicht mehr ganz neuen Designer-Tasche ohne Handyfach. Ich setzte mich auf die Bank im Wartehäuschen und fing zur allgemeinen Belustigung der Mitwartenden an, meine Tasche auszupacken. Nicht alles, nur soweit, bis ich das Handy ertasten konnte. Triumphierend zog ich es heraus, warf meine Utensilien zurück in die Tasche und tippte die heimische Telefonnummer ein. Dann drückte ich den Knopf neben dem Tastenfeld und hielt das Handy an mein Ohr.

Nichts.

War das Ding etwa schon kaputt?
Noch einmal die Nummer.
Nichts.
Oder war ich zu blöd?
Und noch einmal.
Nichts.
Ärgerlich starrte ich das Teil an.
Da hatte man nun endlich ein
angebliches Wunderwerk der
Technik und …
Die Erkenntnis überfiel mich
wie ein kalter Gewitterguss
und ich steckte verstohlen die
Fernbedienung unseres Fern-
sehers zurück in meine
Tasche.

Hape Kerkeling

Supertramp und Amanda Lear ausrangieren?
Ich werfe doch meine Jugend nicht in die Tonne!

Okay, ich sag's mal so, wie es ist: Man wird jeden Tag älter. Auch wenn man diesen Gedanken gern verdrängen möchte wie einen hartnäckigen Ohrwurm – in beiden Fällen ist das oft ein erfolgloses Unterfangen. Zufällig stolperte ich neulich über die Meldung, dass die „Bravo Hits Compilations" runden Geburtstag feiern. 100. Ausgabe! Boah, denke ich, so viele schon. Plötzlich entdecke ich, dass ich selbst auf Ausgabe Nr. 1 mit meinem Chartstürmer „Hurz" vertreten war, neben Depeche Mode und New Kids On The Block. Vor mehr als einem Vierteljahrhundert! Gulp!
Heute könnte ich locker der leicht untersetzte Vater meines damaligen schlaksigen Ichs sein. Dabei komme ich mir immer noch jung vor. Das ist falsch, ich weiß. Aber ernährungstechnisch ist es bekannterweise auch falsch, Käsekuchen zu essen. Und? Halten Sie sich dran? Ein Grund dafür, dass ich mich 2018 wie schnuffelige Mitte zwanzig fühle: Meine Lieblingsmusik ist

dieselbe geblieben. Oft verbunden mit schönen Erinnerungen. US-Wissenschaftler haben in langen Studien herausgefunden: Harmonien intensivieren Glücksgefühle. Die hätten mich direkt fragen können – stimmt! Meine zweitbeste Freundin Gudrun behauptet, man muss nur an den Ententanz denken, und der Tag wird gut. Also: Da-da-da-da-da-da-daaa …

Jetzt summen Sie das Ding vermutlich die nächsten drei Stunden vor sich hin. Wie Sie Abhilfe schaffen können, verrate ich Ihnen etwas später.

Ich besitze immer noch meine alte Schallplattensammlung. Komplett. Ich werfe doch meine Jugend nicht in die Tonne! Cat Stevens, Supertramp, Herman van Veen, Abba und – ja, ich gebe es zu, ohne rot zu werden – alle LPs von Amanda Lear. Die vietnamesisch-französische androgyne Teilzeitgeliebte vom Herrscher über die Siebziger, David Bowie. Ach, hätte ich doch im Deutschunterricht Schillers „Glocke" so gut auswendig aufsagen können, wie ich „Hot Stuff" von Donna Summer draufhatte! Wummernde Discorhythmen. Thema: leichte Mädchen. Sie können mich heute noch nachts um drei wecken, und ich singe los.

Meine allererste, vom Taschengeld hart ersparte 5-D-Mark-Single sieht inzwischen zwar nicht mehr ganz taufrisch aus, doch der Song bleibt ewig der

Hammer: „Rockin' All Over The World" von Status Quo. Die Scheibe knackst seit 40 Jahren an derselben Stelle, „… And Here We Are, And Here We Are". Toll! Da fühle ich mich jedesmal so, als hätte ich wieder meinen kuscheligen Nickipulli an und Tintenkleckse an den Fingern. Ich kann den Song sogar sehen! Das Cover hielt man früher nämlich während des Hörgenusses feierlich in der Hand und starrte drauf. Ein Youtube-Clip quasi, nur ohne Youtube und ohne Clip. Heute starren die meisten in die Cloud oder Alexa an, die alles auf Wunsch spielt, es sei denn, sie hat einen ihrer irren Momente. Demnächst reicht sicher schon der Gedanke an ein Lied, und der im Schläfenlappen implantierte Chip spielt es ab.

Die erfolgreichste „Bravo Hits Compilation" stammt übrigens aus dem Jahr 1999, unter anderem mit Lou Begas „Mambo No. 5" und seinen Freundinnen Monica, Erica, Rita und Tina. Wetten, dass Sie jetzt wieder einen Ohrwurm haben?

Meine zweitbeste Freundin Gudrun kennt das Gegenmittel: Luftgewehrschießen. Inzwischen ist sie so treffsicher, dass sie voriges Jahr Dritte bei der Rheinischen Meisterschaft wurde. Was haben wir gefeiert! „We Are The Champions!!!"

Ich drücke Sie mit jugendlichen 33 1/3 Umdrehungen!

Regine Kölpin

Nie mehr allein

Für heute hatte sich Trines Tochter mit Familie angekündigt und sie wollte Erdbeerkuchen backen. Natürlich nahm Trine keinen fertigen Tortenboden, denn ihr eigener Biskuit war wunderbar fluffig. Gestern hatte sie auf dem Markt Erdbeeren für zwei Kuchen besorgt und sie freute sich darauf, dass sie endlich mal wieder Besuch bekam, denn die Tage allein waren oft lang und eintönig. Doch dann schellte das Telefon.

„Mutti, wir müssen leider absagen", erklärte ihre Tochter Mara. „Stefan hat morgen einen wichtigen Termin reinbekommen, Ludger will zum Fußball und mir ist allein die Strecke zu lang. Nicht böse sein, wir holen das nach!"

Trine schaute traurig auf ihre Tortenböden, die sie nun umsonst gebacken hatte. Die kann ich einfrieren, dachte sie. Und die Erdbeeren zu Marmelade verarbeiten. Immerhin hätte sie dann heute noch etwas zu tun und müsste sich nicht langweilen. Ihr Blick schweifte durchs Fenster zur Straße, wo ihre Nachbarin Frau Hinrichs gerade einsam entlangspazierte. Kurz darauf trat Herr Rollmann auf den Gehweg. Er schlug die entgegengesetzte Richtung ein.

Das ist doch dumm, dachte Trine. Warum geht hier in diesem Haus eigentlich jeder seinen eigenen Weg, obwohl wir alle allein sind? Und wir haben doch den Garten! Sie ging ins Schlafzimmer und betrachte das verwilderte Gelände. Es war nicht sehr groß und von mächtigen Büschen eingefasst, die vielen Vögeln inmitten der Stadt ein Zuhause boten. Der Rasen wartete schon lange auf einen Schnitt, damit es überhaupt möglich war, darüber zu laufen und die verfallene Laube zu erreichen. Deren Dach war schadhaft, die Farbe abgeblättert und was sich im Inneren befand, wusste Oma Trine nicht.

Dann ging sie im Geiste die anderen Bewohner des Mietshauses durch. Neben Frau Hinrichs und Herrn Rollmann wohnte noch die leicht verschrobene Frau Rübsam im ersten Stock. Somit sind wir vier Parteien in einem Haus und wir kennen uns kaum, dachte Trine. Klar, sprachen sie ab und zu miteinander, manchmal auch länger als fünf Minuten, aber damit hatte es sich auch schon. Man könnte doch … Oma Trine wollte diesen Sonntag einfach nicht allein verbringen. Sie holte ihre Bastelpappe und verfasste Einladungen an die drei Hausbewohner. Darin lud sie Frau Hinrichs, Herrn Rollmann und Frau Rübsam um

15 Uhr zu Kaffee und Erdbeerkuchen ein. Sie zögerte nicht, sondern schob die Pappen gleich unter den jeweiligen Wohnungstüren hindurch, damit sie schnell gefunden werden konnten.

Nun galt es abzuwarten … Mit flinken Bewegungen belegte Trine die Tortenböden und gab den Guss darüber. Sie deckte den Tisch, schlug die Sahne und stellte die Kaffeemaschine an. Das Blubbern des durchlaufenden Wassers und das wunderbare Kaffeearoma beruhigten sie sehr.

Trine ertappte sich dabei, dass sie sich unglaublich auf die Nachbarn freute, denn es würde sicher viel zu erzählen geben, weil sie bislang so wenig voneinander wussten. Als der Kaffee fertig war, füllte Trine ihn in die Kanne des Hutschenreuther Porzellans um und betrachtete ihr Werk. Es sah toll aus, denn sie hatte den Tisch mit Muscheln verziert und ein maritimes Ambiente gezaubert. Jetzt noch eine Kerze an und dann konnte es losgehen. Falls jemand kam …

Punkt 15 Uhr klingelte es und Herr Rollmann stand mit einem kleinen Blumenstrauß in der Hand vor der Tür. Er streckte ihr die Mischung aus Freesien, rosafarbene Röschen und Gerbera entgegen. „Habe ich von der Tankstelle", sagte er zerknirscht. „Die Blumenläden hatten nicht mehr auf. Aber wenn ich zum

Kaffee eingeladen werde, dann bringe ich einen bunten Strauß mit. Das gehört sich so."

Trine nahm ihm die Blumen ab. „Dann kommen Sie doch bitte rein. Es ist alles angerichtet."

Der Nachbar folgte ihr ins Wohnzimmer und nahm am Esstisch Platz. Trine stellte derweil den Blumenstrauß in eine passende Vase. „Schön haben Sie es hier", sagte Herr Rollmann lächelnd. „Ich bin gespannt, ob die anderen beiden Damen kommen. Eine wunderbare Idee, die Nachbarschaft zusammenzubringen." Trine fiel auf, was für wunderschöne blaue Augen er hatte und wie freundlich er sie anschaute.

Sie entschloss sich, ihm gegenüber ehrlich zu sein und zuckte mit den Schultern. „Dieses Treffen ist aus der Not geboren. Meine Familie hat mich versetzt und da ist mir die Idee gekommen, alle einzuladen und mit ihnen allen die Kuchen zu verspeisen."

„Ich kann auch froh sein, wenn sich überhaupt mal jemand bei mir blicken lässt", sagte Herr Rollmann seufzend. „Umso schöner, jetzt hier zu sein."

Die beiden warteten noch zehn Minuten, aber es ließen sich weder Frau Hinrichs noch Frau Rübsam blicken. „Schade", sagte Trine. „Dann fangen wie eben an."

Sie legte Herrn Rollmann ein Stück Erdbeerkuchen auf den Teller und reichte ihm die Schlagsahne. „Lassen

Sie es sich schmecken!"

Ihr Nachbar langte ordentlich zu. „Lecker, wirklich lecker!"

„Schön, dass es Ihnen schmeckt. Ich wollte noch etwas anderes besprechen."

Herr Rollmann senkte die Gabel und sah Trine fragend an.

Sie gab sich einen Ruck, bevor sie mit ihrer Idee herausplatzte. „Der Garten ist so schäbig und die Laube ist vollkommen zerfallen. Warum richten wir nicht alles her! Dann hätten wir dort unten einen wunderbaren Treffpunkt für alle Hausbewohner und unsere Einsamkeit gehört der Vergangenheit an."

„Sie sprechen mir aus der Seele", sagte Herr Rollmann. „Genau das habe ich schon oft gedacht, wenn ich aus dem Fenster geschaut habe. Es wäre wunderbar, die Laube wieder herzurichten und aus der Oase da draußen einen grünen Rückzugsort zu machen." Er strahlte Trine so sehr an, dass ihr fast die Knie weich wurden. Und das auf ihre alten Tage!

„Dann fangen wir an, oder?", fragte sie, um von ihrer Verlegenheit abzulenken.

„Wenn du Martin zu mir sagst!" Er streckte Trine die Hand hin, sie schlug ein und sofort schmiedeten sie weitere Pläne. Martin wollte mit dem Vermieter sprechen, war aber sicher, dass es keine Probleme geben würde.

Schon in der folgenden Woche legten sie los. Hand in Hand kamen sie jeden Tag ein Stück voran und der Abend endete nicht selten bei einem Glas Rotwein.

Nach drei Tagen stieß auch Frau Hinrichs dazu. Sie hatte einen Eimer Farbe dabei, und ohne große Worte zu verlieren, begann sie, die Laube in Dunkelgrün zu streichen. Das wollte Frau Rübsam wohl nicht auf sich sitzen lassen und stand eines Nachmittags mit einem Karton Stauden im Garten.

Als die Laube endlich mit einem neuen Dach und frischer Farbe glänzte, die Beete zurechtgestutzt waren und der Rasen gemäht, backte Trine noch einmal Kuchen, aber dieses Mal mit Äpfeln, weil es keine Erdbeeren mehr gab. „Jetzt haben wir einen Ort für unsere Geselligkeit und gut zu essen."

„Es war eine wunderbare Idee!", bestätigten die anderen. Frau Rübsam entschuldigte sich sogar, weil sie der Einladung zum Kaffee nicht gefolgt war. Martin griff nach Trines Hand. Sein Kuss auf ihre Fingerspitzen ging ihr durch Mark und Bein. „Das Schönste ist: Wir sind nicht mehr allein. Nie mehr!", flüsterte er mit vielsagendem Blick. Trine drückte seine Hand. Sie freute sich später auf das Glas Wein mit ihm.

Daniela Vogel

Aus Mangel an Langeweile

„Ich sollte mir eine Ideenliste machen. – Man will ja vorbereitet sein", denkt Frau Martin, eine rüstige Mittsechzigjährige, die kurz vor ihrem Renteneintritt steht. Eigentlich freut sie sich ja auf die Rente, aber … sie fühlt sich, als würde sie die Katze im Sack kaufen. Jetzt ist ihre Woche noch getaktet, aufgeteilt in Arbeit auf der einen Seite und all die anderen Dinge, die erledigt werden müssen oder wollen auf der anderen. Aber bald …? Schließlich will sie nicht so enden wie Herr Wilmes aus 3a, der ihrer Meinung nach aus schierem Mangel an Beschäftigung verstorben ist – gab ja nichts mehr zu tun. Gut, dass sie genug Freunde hat, die bereits den Schritt gegangen sind – nicht den auf den Friedhof, den Renteneintrittsschritt. Die werden sicher den einen oder anderen Tipp haben, der Langeweile zu entgehen.

Besuch bei Hildegard:
„Ach Marga, da mach dir mal keine Sorgen!", beruhigt Freundin Nummer 1 Frau Martin. „Du glaubst ja nicht, was hier los ist, seit wir in Rente sind. Die Kinder

setzen uns permanent die Enkel vor die Haustür."

Frau Martin schluckt. „Aber das ist doch auch schön. – Oder nicht?? Die sieht man doch auch viel zu selten, nech?"

„Ja, schon. Aber die wollen halt auch bespaßt werden. Mein Orthopäde meinte letzte Woche noch zu mir, ich solle das exzessive Klettern durch enge Röhren und die rasante Fahrt auf der Wellenrutsche deutlich reduzieren. Der war anscheinend noch nie in so einem rentnerunfreundlichen Indoor-Spaßparadies für Kinder. Wie soll ich denn sonst mit Maja und Noah zum Klettervulkan kommen? Die können da ja unmöglich schon alleine drauf!"

„Jaja…wo du Recht hast…", sinniert Frau Martin und zählt im Geiste ihre Enkelkinder. Vier!

Besuch bei Heinz:

„Die ganzen Umbaumaßnahmen werden schon keine Langeweile aufkommen lassen", fasst Freund Nummer 2 zusammen. „Behindertengerechtes Bad – klar brauchen wir das noch nicht, aber jetzt haben wir ja die Zeit und auch noch die Lust dazu, das anzugehen. Dann die Rampe ans Haus. Wer weiß, ob wir in 15 Jahren die drei Treppenstufen zur Haustüre noch ohne Probleme raufkommen. Und natürlich lesen wir unzählige Broschüren zu Treppenliften, Seniorenzentren und und und – man will ja vorbereitet sein …"

Besuch bei Barbara:
„Mein Mann war der Meinung, dass wir uns einen Hund zulegen sollten. Bei unseren Vollzeitjobs zuvor wäre das Tier natürlich zu kurz gekommen, aber jetzt!", Freundin Nummer 3 schlägt enthusiastisch die Faust auf den Tisch. „Aber so ein Hund, das ist schon nicht ohne. Erst einmal kam uns Ottokar dann doch zu einsam vor – so ganz allein zwischen zwei Menschen. Da haben wir ihm Hermine besorgt. Eine ganz Liebe. – Aber ja, die ist schon lauffreudig. Wussten wir natürlich vorher, dass diese Rasse besonders viel Bewegung benötigt. Ist ja auch für UNSERE Gesundheit gut, haben wir uns gedacht." Barbara rührt nachdenklich in ihrer Kaffeetasse.

„Ja ja, aber … ist schon viel Arbeit. So 3–4 Stunden spazieren gehen am Tag, dann hat Hermine donnerstags noch Agility, samstags gehen wir mit beiden Hunden zur Hundeschule und, ach ja, ich habe Hermine jetzt beim Dog Dancing angemeldet. Das ist wirklich zu schön. – Naja, also langweilig wird dir mit so einem Tier bestimmt nicht."

Besuch bei Maria:
„Marga, du wirst es lieben", ist sich Freundin Nummer 4 sicher. „Ich habe uns einen Schrebergarten angemietet. In meinem kleinen Gemüsebeet konnte man ja nicht viel machen. Aber jetzt – ich kann mich hier richtig austoben. Wahnsinn, was man alles noch über Heckenschnitt, Spezialdünger oder Teichschlammsauger erfährt, wenn man sich mal so richtig auf das Thema einlässt. Gut, ist natürlich schon viel Arbeit. Aber es lohnt sich."

Frau Martin atmet tief durch. Das war doch mehr Input als sie gedacht hätte. Gefühlt könnte sie mit dieser Ideenflut drei Renten füllen und hätte definitiv nicht einen Tag Langeweile. Trotzdem möchte sie noch einen weiteren Freund besuchen. Liegt eh auf dem Weg.

Besuch bei Gerd (und Marianne):

„Du suchst Ideen für deinen Ruhestand?", fragt Freund Nummer 5 leicht verwirrt. „Aber da muss man doch nicht lange suchen. Du gehst natürlich auf Reisen", erklärt Gerd im Brustton der Überzeugung. „Endlich was von der Welt sehen. Nicht nur Mallorca und Nordsee. Weiter hat man es ja während des ganzen Arbeitslebens nicht geschafft. Wir reisen jetzt nach Kambodscha, Südafrika, Japan, Brasilien – dieses Jahr! Für das nächste steht die Planung noch nicht hundertprozentig. Klar – körperlich fit sollte man da schon ein bisschen sein. Man will ja auch nicht nur im Hotel sitzen, sondern was erleben. Aber die anspruchsvolleren Trips haben wir ja auch nicht gleich fürs erste Rentenjahr geplant. Also zum Beispiel die Wanderung über die Schweizer Alpen, die machen wir kommendes Jahr. Und den Ski-Kurs in Österreich – die Marianne und ich, wir können ja bis heute nicht Skifahren. Das wollen wir unbedingt ändern. Also du siehst: Keine Langeweile. Bei uns ist ordentlich was los."

Frau Martin ist geschockt und begeistert zugleich. Einfach toll, wie ihre Freunde ihren Ruhestand gestalten. Wie soll sie sich da nur entscheiden: einen Vulkan auf

Island besichtigen – das wär schon was. Ein Hund? Eher nicht. Aber wie wäre es mit einem Pferd? Schließlich wollte sie als Kind schon das Reiten lernen. ...
Da sie bereits Sorge hat, einen ihrer genialen Einfälle wieder zu vergessen, greift sich Frau Martin ihre Ideenliste, auf der bisher nur die Überschrift prangt. Zwei Stunden später steht auf dem Zettel neben einem Durcheinander aus durchgestrichenen Stichpunkten: Den Enkeln Schaufeln und Eimerchen kaufen, mit ihnen den Garten umgraben, einen Stall errichten und ein Pferd anschaffen.

☑ Enkel bespaßen
☑ Gärtnern
☑ Haustier anschaffen

Danach Firma mit dem Aufbau eines Aufzugs an der Außenwand beauftragen und währenddessen Island-Urlaub machen.

☑ Rentnerfreundlicher Umbau
☑ Reisen

Wäre doch gelacht, wenn Frau Martin aus Mangel an Langeweile nicht mindestens 100 Jahre alt würde!

Ingeborg Seltmann

Seenot

Ich griff nach dem Rettungsring. Er war rotweiß wie die Rettungsringe auf allen Meeren dieser Welt. Sein Kunststoffbezug lag feucht und kalt in meinen Fingern. Ich tastete nach der Griffleine. Sie war an vier Stellen untrennbar mit dem Rettungsring verbunden. Ihr fest verdrilltes Material fühlte sich grob und zuverlässig an. So schnell ging so ein Rettungsring hoffentlich auch im Sturm auf dem Atlantik nicht unter. Er war sicher hitze- und ölbeständig und resistent gegen aggressives Salzwasser. Es gab sogar ein Blinklicht daran, dass man im Notfall betätigen konnte, damit vorbeifahrende Schiffe einen im Wasser doch noch finden konnten.

Der ablandige Wind war heute heftig. Ab Windstärke 7 spricht man von starkem Wind, die See türmt sich, beim Brechen der Wellen entsteht weißer Schaum, der sich in Streifen in die Windrichtung legt. Ab Windstärke 7 wird es zunehmend unwahrscheinlich, einzelne im Wasser treibende Personen in den Wellentälern auszumachen.

Horst war an meiner Seite, ganz nah, auch seine Hände

umfassten den Rettungsring, auf dem in schwarzen Großbuchstaben der Name des Schiffes prangte: *Mare 4*. Aber unser Schiff war nur eine ferne Silhouette auf dem Wasser.

„Und lächeln, Frau König! Lassen Sie sich doch von Ihrem Mann mal richtig in den Arm nehmen!"

Die Dame mit dem dunkelblauen Pulli und der weißen Hose drückte auf den Auslöser ihrer Kamera, die eine Salve Fotos von Horst und mir machte, wie wir im Kreuzfahrtterminal hinter dem aufgebockten Rettungsring und vor der Fototapete standen, die unser Schiff auf dem weiten Meer darstellte.

„Und jetzt das nächste Paar, bitte sehr! Ab morgen früh können Sie die Fotos an der Rezeption erwerben. Lassen Sie jetzt bitte ihre Kreditkarte einlesen und denken Sie daran: Die Seenotrettungsübung ist für alle Passagiere obligatorisch und findet vor dem Auslaufen des Schiffes pünktlich um 16.30 Uhr statt. Bringen Sie unbedingt ihre Bordkarte mit und begeben Sie sich zu Musterstation C."

Ein weiteres Paar in unserem Alter drängte sich hinter den Rettungsring und vor die Fototapete, Horst suchte in seinem Portemonnaie nach der Kreditkarte und knurrte: „Ich denke doch nicht daran, dieses blödsinnige Foto zu kaufen. Fehlte nur noch, dass sie einem eine Kapitänsmütze aufgesetzt hätten. Und wozu brauchen die meine Kreditkarte? Ich dachte, das ist eine All-inclusive-Reise."

Der Kreuzfahrt-Terminal war voller Menschen. Im weißen Licht der Deckenbeleuchtung sahen alle sehr erholungsbedürftig aus. Wir schoben uns im Pulk Schritt für Schritt entlang der Absperrbänder voran. Ohne die Fototapete und den Rettungsring hätte niemand sagen können, ob wir uns nicht doch auf dem Weg zu einem Flugzeug befanden. Unsere Kreditkarten wurden eingelesen, unsere Gesichter fotografiert, unser Gepäck durchleuchtet, unsere Bordkarten erstellt, unsere Körper nach verbotenen Gegenständen abgesucht. Aber dann traten wir ins Freie. Der starke Wind blies mir die Haare aus dem Gesicht. Und da war es, unser Schiff. Nicht auf einer Fototapete, sondern in Wirksigi sun

lichkeit - atemberaubend hoch wie ein Wolkenkratzer, strahlend blau und weiß, mit orange leuchtenden Rettungsbooten, groß wie Stadtbusse.

„Horst", sagte ich, „riechst du es? Es riecht nach Meer!"

„Wahnsinn", erwiderte er, „das Ding ist tatsächlich fast 300 Meter lang, ich habe gelesen, es hat 61000 PS."

Wir wurden alle miteinander die Gangway zur *Mare 4*

hochgeschoben und standen unvermittelt in einer riesigen Hotellobby. Links waren Aufzüge, rechts waren Aufzüge, und überall waren Menschen.

„Wir haben Kabine 9067. Hast du den Schiffsplan da, Horst?" Horst kramte in den Außentaschen seiner Freizeitjacke.

„Neunte Etage, ziemlich weit hinten links."

„Müssen wir zum Bug oder zum Heck? Steuerbord oder Backbord?"

Wir führten einen kurzen ignoranten Landratten-Disput, ob steuerbord links oder rechts und der Bug hinten oder vorn sei, beschlossen dann aber die Hilfe einer Bordstewardess in Anspruch zu nehmen, damit nicht bereits der Beginn unserer ersten Kreuzfahrt von einer Ehekrise überschattet würde.

Horst hielt seine Bordkarte vor den Sensor unserer Kabinentür und sagte: „Du zuerst."

Ich zog die schwere Tür auf, die auch dem heftigsten Seegang widerstehen sollte – und ließ sie beinahe wieder zufallen.

„Das ist ja eine Balkonkabine! Sie ist riesig! Können wir uns das leisten?"

Horst zog mich an sich: „Na, Überraschung gelungen? Es ist ja schließlich das Geschenk zu deinem 60. Geburtstag und der Beginn unserer Freiheit."

Ich stürmte an dem großen Doppelbett und der Sitzecke vorbei und schob die gläserne Balkontür auf. Neun Stockwerke unter mir glitzerte der Atlantik vor Agadir. Und da war auch wieder der Geruch von Salz und See. Tief da unten hingen die orangen Rettungsboote in ihren Verankerungen. Horst legte von hinten seine Hände auf meine Schultern und sagte: „Das wird uns guttun, Gabi."

Ich drehte mich um, küsste ihn und sagte: „Wir müssen uns sofort das Schiff ansehen."

„Wir sollten erst einmal auspacken und uns umziehen. Wir haben ja beide noch unsere Wintersachen aus dem Flugzeug an."

Wo er recht hatte, hatte er recht. Wir zogen uns um und räumten unsere Sachen in den Schrank. Meinen Strohhut hatte ich separat in einem Leinenbeutel meines alten Buchladens transportiert. Der Hut hatte die Beförderung als Handgepäck in der Flugzeugkabine nicht besonders gut überstanden, er sah aus wie ein schräges Architekturmodell von Zaha Hadid. Ich versuchte ihn mit der Hand auszubeulen, aber er erwies sich als äußerst widerspenstig.

„Komm schon, Horst, ich bin schon so neugierig! Es soll hier alleine 13 Bars geben, und alles ist inklusive! Und ich brauche sofort einen neuen Sonnenhut. Es wird doch wohl auch Läden auf diesem Schiff geben, was meinst du?"

Aber Horst wies auf den riesigen Flatscreen an der Wand gegenüber unserem Doppelbett. Unter dem Logo der *Mare 4* stand in gestochen scharfen Buchstaben:

Willkommen an Bord, Herr und Frau König.
Achtung – verpflichtend für alle Gäste: Seenot-
rettungsübung um 16.30 Uhr!
Bitte finden Sie sich an Ihrer Musterstation ein
und beachten Sie das Seenotrettungssignal:
7 kurze Töne – 1 langer Ton.
Ihr Kapitän

„Dann gehen wir jetzt zu Musterstation C, wo immer das sein mag. Es ist schon kurz vor halb fünf, Horst, wir müssen unbedingt los."

Horst lachte kurz auf: „Gabilein, das hast du vollkommen missverstanden. Erst wenn das Notsignal ertönt, rennen wir aus den Kabinen zu den Rettungsbooten. Sonst wäre es ja keine Notfallübung. Ich kenne das noch aus meiner Bundeswehrzeit. Nachtalarm. Ich habe es gehasst."

Er setzte sich auf unser Doppelbett.

„Glaub ich nicht, wir müssen gleich zu dieser Station."

Nein."

„Doch."

„Nein. Ich weiß, wie so was läuft."

„Quatsch, lies doch, was auf dem Bildschirm steht."

„Les ich doch."

„Liest du nicht."

„Doch."

„Ich gehe jetzt jedenfalls zu dieser Musterstation. Wir sind hier schließlich nicht bei der Bundeswehr."

„Na dann, blamier dich eben. Ich weiß, wie eine Notfallübung abläuft."

„Klar weißt du das. Wie immer."

„Eben."

„Also tschüs."

Ich packte meinen schrägen Hut und meine Bordkarte und verließ unsere plötzlich irgendwie leicht stickige Wohlfühlkabine.

Auf dem endlos langen dunklen Gang mit den dicken geräuschschluckenden Teppichen herrschte Hochbetrieb. Alles strebte in eine Richtung. Philippinisches Schiffspersonal mit orangen Sicherheitswesten dirigierte uns den Gang entlang zu einer stählernen, schweren Nottür und einer dahinterliegenden steilen, weiß gestrichenen Stahltreppe. Über uns leuchteten das unvermeidliche grüne Schild mit einem rennenden

Männchen und der Buchstabe C. Ich blieb stehen und sprach einen der Sicherheitsleute an: „Ich muss noch mal zurück und meinen Mann holen. Er meint, er müsste in der Kabine warten."

Der Sicherheitsmann nickte, lächelte und sagte: „C. Sie vorne Bordkarte Kontrolle."

Vielleicht arbeitete er sonst im Maschinenraum oder in der Wäscherei, jedenfalls schien er mich nicht zu verstehen und schob mich entschlossen weiter.

Die anderen Passagiere drängten mich Richtung Stahltreppe, unsere Schuhe klapperten auf dem blanken Metall. Am unteren Ende der Treppe verlangte jemand unsere Bordkarten und hielt sie vor einen Scanner. Ich musste meinen Hut auf dem Kopf festhalten, weil die Leute hinter mir so drängelten. Noch mehr orange Sicherheitsleute dirigierten uns in einen großen Saal, es war wohl ein Kino oder ein Konzertsaal. Man wies uns mit sehr bestimmten Gesten an, hier Platz zu nehmen. Ich fand noch einen einzelnen Sitz in der dritten Reihe. Hinter mir blaffte jemand: „Können Sie nicht diesen komischen Hut abnehmen. Ich sehe nichts."

Ich drehte mich um und erwiderte so freundlich und ruhig, wie es mir möglich war: „Hier läuft eine Seenotrettungsübung und kein Titanic-Film. Natürlich nehme ich nachher den Hut ab, wenn es in die Boote geht."

Aber das schien noch zu dauern. Es wurde langsam heiß in dem Kinosaal. Nur noch vereinzelt kamen Nachzügler an. Es war bereits 16.40 Uhr. Nichts geschah. Die ersten Passagiere wurden unruhig. Jemand rief: „Um 17.00 Uhr tritt das Kolumbus-Trio in der Waterkantbar auf. Wann geht's denn hier endlich los?"

Ein Schiffsoffizier in weißer Hose, weißen Schuhen und weißem Hemd mit Tressen enterte sportlich die kleine Bühne, ein Mikrofon in der Hand: „Laut internationaler Vorschrift sind wir verpflichtet, vor Beginn jeder Reise eine Seenotrettungsübung durchzuführen. Diese Übung ist für alle Passagiere verpflichtend. Wir versammeln diese an mehreren Musterstationen im Schiff. Immerhin haben wir 2500 Gäste an Bord. Wir können erst damit beginnen, wenn *alle*, ich wiederhole, *alle* Passagiere an den Musterstationen anwesend sind. Unser Computer sagt uns, dass dies leider noch nicht der Fall ist. Eine Person fehlt auf unserer Liste. Ich muss Sie daher noch um Geduld bitten. Wir versuchen derzeit, die fehlende Person zu finden."

Ärgerliches Gemurmel im Raum. Ich hob zögerlich die Hand.

Der Offizier deutete in meine Richtung und sagte: „Ja bitte, die Dame mit dem Hut…"

„Ich glaube, es handelt sich auf Ihrer Liste um meinen Mann, Horst König. Er wollte warten, bis das Signal ertönt und dann direkt zu den Booten rennen. Er war nämlich früher mal bei der Bundeswehr. Er hat dort seinen Wehrdienst abgeleistet. Damals gab es so was noch."

Der Offizier sah mich irritiert an: „Zu welchen Booten will er denn?"

In diesem Moment ging die Tür des Saals noch einmal auf. Ein philippinischer Maschinist in Sicherheitsweste schob Horst herein. Der hatte einen hochroten Kopf. Böses Zischeln aus dem Saal empfing ihn.

„Na endlich", machte der Offizier auf der Bühne, „dann können wir die Dame mit dem Hut ja beruhigen, wir haben Ihren Ehemann aufgetrieben."

Alles lachte. „Dann woll'n wir mal."

Er zog aus seiner weißen Hosentasche eine Fernbedienung für einen Beamer. Auf der Kinoleinwand leuchtete die erste Seite eines PowerPoint-Vortrags auf: *„Wie verhalte ich mich beim Ertönen des Notfallalarms?"*

Aus den Lautsprechern ertönte ohrenbetäubendes siebenmaliges kurzes, dann einmaliges langes Schrillen. Der Offizier steuerte die nächste PowerPoint-Seite an und leierte zum Text, den wir alle mitlesen konnten: *„Bewahren Sie Ruhe und kleiden Sie sich warm an.*

Nehmen Sie bei Bedarf notwendige Medikamente mit. Begeben Sie sich umgehend zu Ihrer Musterstation. Dort bekommen Sie eine Rettungsweste ausgehändigt."

Auf der nächsten PowerPoint-Seite lasen wir: *„So legen Sie Ihre Rettungsweste an.*" Der weiße Offizier winkte einen philippinischen Mitarbeiter auf die Bühne, der eine Rettungsweste hochhielt. Er zog sich, passend zu den Piktogrammen, die wir vor uns auf der Leinwand sahen, die Rettungsweste über den Kopf und schnallte sie mit dem Leibgurt fest. Es war noch langweiliger als die Sicherheitseinweisung im Flugzeug. Meinem Hintermann war es längst herzlich egal, dass ihm mein Hut die Sicht nahm. Dann war die PowerPoint-Präsentation vorüber und damit auch die Rettungsübung beendet. Ich dachte, nun würden wir in die Boote steigen, aber der weiße Offizier sagte uns, er müsse jetzt zum Ablegen auf die Brücke und er wünsche uns eine erholsame Reise. Ich drängelte mich zu Horst durch. Er hatte immer noch einen hochroten Kopf. „Amateure", sagte er, „alles Amateure! Wenn das mal gutgeht mit dieser Schiffsreise."

Thomas Göthel

Sigi Sunset

Sieglinde Meesenkötter war meine Nachbarin, und sie hielt nichts von Rockmusik. Das war schon immer so, und das würde auch so bleiben, sagte sie zu mir. Egal, was ich getan hätte.

Ich wusste, ich war nicht ganz unschuldig daran, dass ihr Mann Harro nicht mehr bei ihr lebte. Ein Jahr nachdem er in Rente gegangen war, zog er los, um als ziemlich schräger Rockmusiker durch die USA zu tingeln. Und ich hatte ihn darin bestärkt, weil ich den unerträglichen Lärm loswerden wollte, der mir das Arbeiten unmöglich machte. Jetzt sang er als „Harry Me" vor abgedrehten Freaks, die dafür sogar noch Geld bezahlten.

Mit Frau Meesenkötter hatte ich nie viel zu tun gehabt. Vor vier Jahren war ich mal Gast auf einer Gartenparty ihres Mannes, aber da wechselte ich nur ein paar Worte mit der reizenden Gemahlin. Sie war von einem unscheinbaren Äußeren und wachte aufmerksam über den Bierkonsum von Ehemann und Gästen.

Nun aber baute sie sich wie ein angriffslustiges Raubtier in meiner Tür auf, und mir blieb nichts anderes übrig, als sie hereinzubitten. Mir war gar nicht wohl bei der Sache.

Frau Meesenkötter schien heute wie ausgewechselt. Sie drang in mein Reich ein, als wäre sie auf einer Mission. „Zum Wohnzimmer geht es da lang?", fragte sie und wartete gar nicht erst auf meine Antwort. Sie zog mit festem Schritt an der Garderobe vorbei. Das war gar nicht so einfach, denn sie hatte eine Samba-Trommel umgeschnallt, und auf solch einen ausladenden Aufmarsch war mein Hausflur nicht vorbereitet.

Ich natürlich auch nicht, und so wusste ich gar nicht, worüber ich mich am meisten wundern sollte: die plötzliche Entschlossenheit, die Attacke oder die Trommel?! Hatte ich in all den Jahren etwas Wesentliches übersehen? So wie dieses riesige Schlaginstrument, das ich im ersten Augenblick gar nicht richtig wahrgenommen hatte?

Wer behängt sich denn überhaupt an einem beschaulichen Mittwochnachmittag mit so einem Monstrum von Holzfass und trommelt zum Angriff auf seinen Nachbarn? Das macht doch nur ein Verrückter – oder aber ein Durchschnittsdeutscher, der seine Verrücktheit hinter der Ordnung fester Satzungen und Regeln versteckt.

Schon war Frau Meesenkötter im Wohnzimmer angekommen und blickte mit klaren, eisblauen Augen in mein verdutztes Gesicht. Mit einem routinierten Schwung entledigte sie sich des Instrumentes und platzierte es in der Mitte des Raumes. Da stand es nun wie ein Altar. Sollte ich darauf geopfert werden?

„Ich bin ja auch kein Fan von experimentellem Punk", hob ich an.

„Das spielt doch gar keine Rolle", bügelte mich Frau Meesenkötter ab und öffnete die Klammer in ihrem Haar. Sie schüttelte den Kopf und ließ eine wilde blondierte Mähne über ihre Schultern wallen.

Mir wurde ganz anders.

„Setz dich hin, du bist ja vollkommen blass", befahl sie. Sie sagte „du" zu mir! Da musste ich mich wirklich setzen.

„Dir habe ich es zu verdanken, dass Harro jetzt Harry ist", fuhr sie fort und griff nach dem Saum ihres grauen Pullovers.

„Es tut mir leid! Lassen Sie mich doch erklären ...", rief ich entsetzt, um noch Schlimmeres zu verhindern.

Doch zu spät. Der Pullover war schon über ihren Kopf gezogen, und darunter kam eine bunt gebatikte Bluse zum Vorschein.

„Du hörst jetzt zu!", gebot sie.

Ich nickte gehorsam.

„Vor 45 Jahren war ich mal ein richtiger Hippie. Wir glaubten, die Welt würde durch Samba-Rhythmen wieder ins Lot kommen. Das war nicht in San Francisco, das war hier in der Nähe von Westfalstrup am Altenwinkeler Stausee. Im Sommer hausten wir in Zelten und Holzbaracken, im Winter krochen wir wieder kleinlaut bei unseren Eltern unter. Wir spielten Samba bis zur Ekstase. Das mussten wir auch, denn das Dope war meistens schon am Nachmittag aus. Also hatten wir den Rhythmus, und was der nicht schaffte, erledigte der Hunger. Ich hieß Sigi Sunset, weil ich am liebsten bei Sonnenuntergang am Ufer trommelte. Die Strommasten des Kraftwerks sahen dann wie die Pylone der Golden Gate Bridge aus."

„Ihr Mann hat mir eine Karte aus Nashville geschickt, in der er schreibt, er hätte Ihnen seinerzeit das Samba-Trommeln ausgeredet", warf ich ein.

„Ihr Männer habt doch keine Ahnung! Ich ließ Harro nur glauben, dass ich grottig trommeln würde, damit es ihm leichter fiel, auf die E-Gitarre zu verzichten."

„Das ist aber sehr einfühlsam von Ihnen", raspelte ich Süßholz.

„Ach was, das war total egoistisch von mir. Ich wollte seine Potenz zurückhaben. Hat aber nicht geklappt."

Ich versuchte gar nicht erst, meine Kinnlade wieder

unter Kontrolle zu bringen. Als ich vor Schwindel gefährlich mit dem Oberkörper schwankte, griff Frau Meesenkötter stabilisierend nach meinem Nacken, aber das linderte die Symptome natürlich auch nicht.

„Ich lernte Harro während einer winterlichen Hippie-Pause kennen. Und was soll ich sagen? Er zeigte mir, dass die freie Liebe in unserer Samba-Kommune eine verkrampfte Kopfgeburt war. Total öde. Aber der Sex mit Harro, der war die reinste Offenbarung! Harro war eigentlich voll der Spießer. Er ließ sich gerade zum Möbelprüfer ausbilden. Aber im Bett war er eine Granate. Also pfiff ich auf die Freiheit organisierter Regellosigkeit und genoss mit Hingabe die Paarungsmethoden des Establishments.

Aber leider, leider, das Glück währte nicht lange. Denn als ich Harro die E-Gitarre wegnahm, war's schlagartig aus mit der Manneskraft. Er brauchte wohl die Klampfe um in Stimmung zu kommen. Aber das kam nicht mehr infrage! Nicht mehr diese Folter, dieses gotterbärmliche Katzengejammer! Die Entscheidung fiel mir nicht leicht, aber letztlich war es die richtige: Sex oder Befreiung von der Folter – da zieht leider die Libido den Kürzeren."

Ich nickte, und zum ersten Mal konnte ich Frau Meesenkötter verstehen. Wenn Harro spielte, wurde wirklich die Milch sauer.

Wie ich weiter erfuhr, gelang es Sieglinde im Laufe der Zeit, das Eheleben wenigstens wieder auf das kümmerliche Normalmaß gewöhnlicher Vorstadtschlafzimmer anzuheben. Sie brachte Harro in Fahrt, indem sie ihm einen anderen Spleen erlaubte: Er träumte immer davon, eine Möbeltestmethode zu erfinden, die seinen Namen trüge.

„Das war natürlich totaler Quatsch. Aber es wirkte auf dem anderen, entscheidenden Gebiet. Also durfte er, wenn ich auf Geschäftsreise ging, mit so einer jungen naiven Mitarbeiterin aus seiner Firma in unserem Schuppen Spannmuffenfedertests an unserem alten Kanapee durchführen. Die Testreihen erforderten die schlimmsten Verrenkungen, und es quietschte fürchterlich. Aber ich war ja zum Glück nicht zu Hause. So lebte ich aus Liebe zu meinem Harro ein leidliches Leben als Scheinspießerin. Und ich hoffte, eines Tages käme ein Retter und würde mir meinen alten Harro wieder zurückgeben. – Und dieser Retter bist du!"

Frau Meesenkötter drückte mir einen dicken Schmatz ins Gesicht. Dann öffnete sie einen Knopf an ihrer Flower-Power-Bluse und sagte: „Ich bin total glücklich! Harro probt jetzt einfach auf der Bühne. Ich habe ihn schon drei Mal in den Staaten besucht, und es ist der Hammer: Er geht wieder ab wie Harry! Seit letzter

Woche bin ich jetzt auch in Rente und weißt du was? Ich verkaufe die Hütte hier und ziehe mit Harry Me nach Kalifornien! Ich werde am Golden Gate Samba trommeln, bis die Sonne untergeht, und wenn Harry nicht auf Tournee ist, na, du weißt schon …!"

Als letzten spießigen Akt ihres Lebens bedankte sich Sigi Sunset bei ihrem langjährigen Nachbarn und sagte ihm Lebewohl. Wie, das bleibt unser Hippie-Geheimnis.

Achim Leufker

Old's cool

Lieber Leser, liebe Leserinnen,

gerne würde ich euch ein wenig über das Altern erzählen. Zuerst zur allgemeinen Orientierung: Mein Name ist Achim und ich bin Baujahr 1961, womit ich bei vielen Poetry Slams und anderen Kulturveranstaltungen den Altersdurchschnitt auf der Bühne nahezu dreistellig nach oben korrigiere.

Man spricht mich dann an mit: „Ey, Alter!", oder: „Alter Schwede!", oder: „Alter Verwalter!", oder mittlerweile auch schon mit: „Alter schwedischer Verwalter!"

Neben den ironisch-bissigen Zurufen gibt es auch die anderen, die versuchen, mich zu trösten. Da kommen dann Sätze wie: „Du bist nicht alt, du bist retro! Und außerdem ist es doch großartig, wie 50 auszusehen!", die völlig unbeachtet lassen, dass ich noch nicht sooo alt bin, du Ötzi! Andere behaupten: „Das Leben beginnt doch im Grunde erst mit 50!", worauf ich nur erwidern kann: „Ja, aber nur, wenn du der gottverdammte Highlander bist!"

Da wir damit bereits mitten im Thema wären, erläutere ich im Folgenden mit einer kurzen Zusammenfassung, wie „Altern" überhaupt funktioniert:

- · Mit sechs Jahren: „Juhu, ich komm in die Schule!"
- · Mit 17 Jahren: „Wow, bald volljährig!"
- · Mit 18 Jahren: „Wie geil ist das denn?!"
- · Mit 25: „Yeah, fett, Boom Chicka Wah Wah!"
- · Mit 29: „Äh… warte mal!"
- · Mit 30: „Oh mein Gott, nein! Mach, dass das aufhört! Bitte!!"

Ich persönlich liege inzwischen alterstechnisch irgendwo zwischen McDrive und Essen auf Rädern. Mittlerweile verzichte ich bewusst auf Bioprodukte, weil ich gar nicht genug Konservierungsstoffe bekommen kann. Früher hatte ich auf der Bühne noch Texte mit Schriftart Arial in Schriftgröße 10 vorgelesen, dann irgendwann in Schriftgröße 12 und in der Zwischenzeit bin ich kurz davor, das Publikum zu bitten, jeweils mannsgroße Buchstaben in der richtigen Reihenfolge an der Bühne vorbeizutragen, die ich dann möglichst sinngebend ablese.
Jedenfalls, um wieder aufs Alter(n) zurückzukommen, befinde ich mich derzeit exakt in der Phase zwischen

gepflegt aussehen und gepflegt werden. Früher sah ich übrigens weitgehend gut aus. Zwischenzeitlich sah ich plötzlich nur noch von Weitem gut aus. Und heute bin ich weit davon entfernt, gut auszusehen. Darum dusche ich nach dem Aufstehen mit Duschgel, das Meersalz enthält. Das ist mein Versuch, mich ein bisschen zu pökeln, um meine Hülle etwas haltbarer zu machen.

Mittlerweile weiß ich jedoch aus eigener Erfahrung, dass dir mit fortschreitendem Alter früher oder später auf jeden Fall drei Dinge passieren werden: Erstens lässt dein Gedächtnis nach und zweitens … und zweitens … und zweitens und drittens habe ich vergessen.

Hinzu kommen auch noch die körperlichen Wehwehchen. Da kann es dir in meinem Alter passieren, dass ein fünfminütiges Hinknien oder ein kurzer Schneidersitz eine dreitägige Ganzkörperlähmung zur Folge haben. Das ist auch der Grund, warum ich nichts Hochprozentiges mehr trinke – ich reibe mich damit ein. Meine Frau kommentiert das Eincremen immer damit, dass es doch völlig normal in meinem Alter sei, worauf ich einmal mit: „Anfang 60, das ist doch kein Alter!", antwortete und sie dann erwiderte: „Das stimmt, aber nur für einen Baum!"

Da mich das damals unsicher machte, hatte ich noch meine Tochter gefragt. Meine Tochter ist Einzelkind, bevorzugt inzwischen allerdings die Bezeichnung „Alleinerbin". Ich fragte sie also: „Findest du, dass ich alt bin?"

„Sagen wir mal so", entgegnete sie, „dein Mindesthaltbarkeitsdatum ist deutlich überschritten."

„Ich finde es ziemlich erniedrigend, dass du mich mit abgelaufenen Nahrungsmitteln vergleichst!", protestierte ich erbost.

„Gut, dann formuliere ich es anders: Du bist alt und in Hundejahren wärst du sogar schon tot."

Während sie das sagte, verband sie mit einem Permanentmarker fünf Pigmentstörungen auf meinem Handrücken miteinander – wohl um zu sehen, welches Bild sich dabei ergibt.

Dieses Gespräch hatte mich noch weiter verunsichert. Besser gesagt, verunsichert es mich noch heute. So sehr, dass ich letztens auf die Frage nach meinem Alter nur entgegnete: „Sag ich nicht!", worauf der Fragesteller trocken erwiderte: „Ach komm schon, nur die ersten drei Zahlen!"

Tja, das mit dem Alter ist eben so eine Sache. Als ich 20 wurde – und alle um die 20 wissen, wovon ich spreche – bin ich noch hinter dem Bus hergerannt, der mir vor der Nase wegzufahren drohte.

Kaum lässt du dann die 30 hinter dir, denkst du schon

auf halbem Weg: „Was soll's? Warum rennen? Da kommen doch noch andere Busse."

Nochmals zehn Jahre später, so ab 40, sagst du dir nur noch: „Egal, ich hab doch die Kohle. Ich nehme mir jetzt einfach ein verdammtes Taxi!"

Bus fahre ich ohnehin nicht mehr, seit mir letztens ein Hip-Hopper aus „Respekt und Mitleid" seinen Platz angeboten hatte, die kleine Zecke.

Wobei das Alter das Leben natürlich nicht leichter macht. Früher bin ich vor dem Fitnessstudio noch joggen gegangen – heute mache ich ein Nickerchen auf der Couch, bevor ich ins Bett gehe. Beim Treppensteigen klinge ich mittlerweile wie Darth Vader. Oder wie wäre es mit meinen Partys? Da feiere ich inzwischen auf der Tanzfläche mit insgesamt 4.800 Dioptrien zusammen und DJ Karlheinz legt ausschließlich Helene Fischer auf. Und glaubt mir, nach ü50-Partys taumeln dann wirklich alle „atemlos durch die Nacht".

Wenn ich mit Gleichaltrigen in der Dampfsauna sitze, sieht das inzwischen aus wie die Neuverfilmung von „Gorillas im Nebel". Neulich stand ich ganz hinten in einer Supermarktschlange, als mich eine recht betagte Dame glatt fragte, ob ich „das Ende" sei, worauf ich entrüstet erwiderte, dass ich natürlich nicht „das Ende" sei, sondern einfach nur alt aussehen würde.

Letztens teilte mir die AOK mit, dass sie mir zwar Viagra bezahlen würde, dafür aber keine Brillen mehr. Seitdem frage ich mich wieso. Bedeutet das, ich darf mich im Alter zwar fortpflanzen, soll aber nicht mehr sehen, mit wem?

Apropos, ich erinnere mich, dass ich früher sogar Sex in der Küche hatte. Inzwischen esse ich im Bett. Ich befürchte sowieso, dass der Sexualpartner im Alter an deiner Mine ohnehin nicht mehr ablesen kann, ob das noch das Orgasmus-Gesicht ist oder bereits der nächste Bandscheibenvorfall. Wenn ich abends das Licht im Schlafzimmer dimme, tue ich das nicht mehr aus romantisch-erotischen Gründen, sondern weil es ökonomisch-energetisch ist.

Wen wundert es bei all diesen Geschichten, dass ich bereits eine regelrechte Paranoia vor dem Alter entwickelt habe. Ich habe wirklich Angst, dass mir diese typischen Dinge passieren, die einen schusselig und alt wirken lassen:

· Ich habe Angst, dass ich anfange, Sachen zu sagen wie: „Jaja, fünf Euro, das waren früher auch mal 30 Mark!"
· Ich habe Angst, dass meine Familie mir zum Geburtstag einen Jochen Schweizer-Erlebnisgut-

schein über eine Magenspiegelung schenkt.

· Ich habe Angst, dass es in meinem Leben bald
  nur noch ein Highlight die Woche gibt – und
  zwar dann, wenn die Heimleitung ankündigt:
  „Kommenden Sonntag, 20 Uhr, Pillen-Wichteln
  im Fernsehraum!"
· Und ich habe wirklich Angst, dass ich irgendwann einmal reflexartig laut: „Taxi!", rufe,
  weil ein Bestattungswagen vorbeifährt.

Das alles macht dich irgendwann total fertig.
Darum habe ich inzwischen sogar meine persönli-
chen fünf beste Plätze aufgestellt, an denen man
erkennt, ob man alt ist:

· Platz 5: Du bist alt, wenn du abends im Bett endlich die perfekte Schlafposition für Kopf, Arme,
  Beine, Muskeln und Gelenke gefunden hast, aber
  die Blase in dem Moment: „Hallööööchen …!",
  ruft.
· Platz 4: Du bist alt, wenn du am Heck deines
  Autos Aufkleber mit Namen hast. Und zwar
  nicht den Namen der Kinder, sondern von deinem eigenen – falls du mal von der Polizei ange-
  halten wirst und dich nicht mehr daran erinnern

kannst.

- Platz 3: Du bist alt, wenn du dein Gesicht auf einem Portraitfoto mit einem Bildbearbeitungsprogramm künstlich altern lassen willst, aber die älteste Version immer noch jünger aussieht als die Vorlage.
- Platz 2: Du bist alt, wenn dich jemand auf deine neuen Krokodilleder-Schuhe anspricht, du aber eigentlich gerade barfuß unterwegs bist.
- Platz 1: Du bist alt, wenn du dir im Restaurant ein Fünf-Minuten-Ei bestellst und die Bedienung schon vorher kassieren will, weil sie nicht glaubt, dass du überhaupt noch so viel Zeit hast.

All diese Punkte führen mir tagtäglich schonungslos die Endlichkeit meines irdischen Daseins vor Augen. Ich bin aber sicher, dass ich heutzutage sowieso nicht mehr an Krankheiten oder Altersschwäche sterben werde, sondern vermutlich, weil ich keine Kettenbriefe auf Kurznachrichtendiensten weiterleite. Aber wenn es irgendwann dann doch so weit ist, hätte ich gerne noch Zeit für ein paar legendäre letzte Worte auf dem Sterbebett, um meiner Familie etwas zu sagen wie: „Ich vermache euch eine Million Euro, die ich versteckt habe…Und zwar…im…ahhh…"

Ich schätze, nach solch einem genialen Scherz auf dem Sterbebett stünde auf meinem Grabstein garantiert ein Spruch wie: „Hier ruht Achim – 43 Personen gefällt das!"

Übrigens würde ich mich gerne verbrennen lassen, aber erst, nachdem ich eine Tüte Maiskörner gegessen habe. Einfach, um mal richtig Stimmung ins Krematorium zu bringen. Dazu singt dann Andreas Bourani seinen Song „Mein Herz schlägt schneller als deins". Meine Asche würde ich gerne in Jerusalem begraben lassen, da hier statistisch die Auferstehungschance am größten ist. Sollte das nicht funktionieren, möchte ich zumindest irgendwann wiedergeboren werden. Meine Frau versteht eine Menge von Reinkarnation und ich habe ihr gesagt: „Schatz, ich möchte gern wiedergeboren werden – und zwar ohne Verantwortungsgefühl, ohne schlechtes Gewissen, nur als egoistisches, triebgesteuertes, notgeiles Wesen!", worauf sie nur antwortete: „Man wird nicht zweimal gleich geboren."

Stefan Pinnow

Die reife Haut

Das ganze Desaster begann an einem Mittwoch. Nicht, dass der Tag entscheidend wäre. Aber es war eben ein Wochentag, an dem es passiert ist. Etwas, das früher gar nicht möglich gewesen wäre, denn da war ich ja jeden Tag im Büro. Aber nun – da ich seit einigen Wochen im Ruhestand war – konnte ich mitten in der Woche mit meiner Frau in die Stadt fahren.

Wir saßen in einem Café, als Laura, eine gute Freundin, zufällig dazu kam. Die beiden verfielen in tiefgründige Gespräche, bei denen ich nicht wirklich mitreden konnte und wollte. Also beschloss ich kurz ein paar Dinge zu erledigen. Ich musste eh zur Bank und so weiter, als meine Frau mir noch zurief: „Wenn du an einer Drogerie vorbeikommst, bring mir eine Nachtcreme mit." Sie erkannte sofort meinen fragenden und hilflosen Gesichtsausdruck. „Irgendeine. Was mit Q10. Oder Hyaluron. Oder so. Ganz egal. Du machst das schon!"

Du machst das schon. Oh Gott. Ich soll was für meine Frau besorgen. Irgendeine Creme. Das ist etwa so wie wenn ich zu ihr sagen würde: Wenn du an einem Baumarkt vorbeikommst, bring mir Schrauben mit. Egal welche…

Na gut. Ich nahm die Herausforderung an und steuerte einen dieser Drogeriemärkte an. Ich weiß nicht ob Sie schon mal in so einem Laden waren? Wenn ja, dann wissen Sie – das Angebot ist riesig. Mehr als das. Allein bei den Cremes gibt es hunderte Produkte. Aber ich hatte ja Zeit. Ich war ja nun in Rente. Meine Aufgabe bestand jetzt also darin, an einem Vormittag, für meine Frau eine Nachtcreme zu besorgen.

Was hatte sie gesagt? Q6 soll enthalten sein. Oder Q5? Nein – das war ein Modell eines Autoherstellers. Konzentrier dich, Anton, sagte ich zu mir selber. Und begann die unzähligen Artikel zu durchforsten. Ich stellte fest, dass praktisch jeder Hersteller alle Informationen so klein wie möglich auf die Verpackung druckte. Zum Glück hatte ich meine Lesebrille dabei. Und konnte entdecken, dass praktisch überall „nur die besten Inhaltsstoffe", „nur wertvolle Inhaltsstoffe" oder „nur natürliche Inhaltsstoffe" enthalten waren. Wer fällt denn auf sowas rein, dachte ich. Klar, dass kein Hersteller mit „nur richtig schlechten, unnatürlichen oder erbärmlichen Inhaltsstoffen" Werbung macht.

Da! Auf einer Packung stand groß: „Mit Q10!" Das

war es. Cremes mit Q4, Q5 oder Q6 gab es überhaupt nicht. Wunderbar. Erste Hürde genommen. Ich durchforstete weiter das unendlich lange Regal, als mein Blick auf eine Schachtel fiel, mit der Aufschrift: „Enthält Q10 und wertvolles Hyaluron!"

Ich konnte mein Glück kaum fassen. Ich hatte etwas gefunden, in dem genau das drin ist, was meine Frau haben wollte.

Zufrieden stolzierte ich zur Kasse. Am liebsten hätte ich allen anwesenden Frauen im Markt erzählt: „Ich kaufe jetzt eine Nachtcreme für meine Frau, mit Q10 und Hyaluron."

Fröhlich steuerte ich das Café an. Laura war inzwischen gegangen. Mit einem Lächeln stellte ich die Creme wortlos vor meine Frau auf den Tisch. Nicht ahnend was dann passieren sollte.

„Was ist das denn?", waren ihre ersten Worte. „Wieso kaufst du mir eine Creme „für die reife Haut"?

Tatsächlich. Das stand groß auf der Verpackung. „Die ist mit Q10 und Hyalu-Dingsbums", sagte ich.

„Für die reife Haut!", wiederholte meine Frau. „Wie das klingt. Warum schreiben sie nicht gleich drauf, für alte, verschrumpelte, zerknitterte Haut'?".

Was denn daran falsch sei, wollte ich wissen. Und meine Frau meinte, sie wolle nicht jeden Abend, beim eincremen daran erinnert werden, dass sie bereits eine „reife" Frau sei. „Das ist doch nicht schön", sagte sie, „Äpfel können reif sein, eine Avocado, oder eine Banane! Und wenn die reif ist, dann ist sie alt und braun und schrumpelig, und keiner möchte sie mehr essen. Dann ist sie nämlich überreif. Warum hast du mir nicht gleich eine Creme ‚für die überreife Haut' gekauft?", sagte sie schnippisch.

„Die gab es nicht", erwiderte ich gedankenverloren. „Ich finde es schön, dass du eine reife Frau bist", sagte ich schnell. „Reif. Das bedeutet erfahren, klug und weise. Es ist schön, wenn Dinge reif sind. Pflaumen zum Beispiel. Die schmecken dann süß. Oder Brombeeren. Wenn die unreif sind, sind sie sauer. Reife nicht. Die sind weich und lecker. So wie du. Oder nimm ein Buch. Wenn es fertig geschrieben ist, ist es druckreif. So wie du. Guck, die Kinder fragen dich oft um Rat. Du bist für sie wie ein dickes Lexikon, in dem man die Antwort auf eine Frage sucht."

„Hast du gerade ‚dick' gesagt?", sagte meine Frau. Unbeirrt fuhr ich fort. „Eine gute Geschichte kann filmreif sein. Oder hier: Nimm den Begriff, spruchreif'. Auch schön."

„Jaja, ich habe ja verstanden", unterbrach sie mich mit einem liebevollen Lächeln. „Das klingt alles ganz wunderbar. Wahrscheinlich hast du Recht. Ich bin da etwas zu sensibel!"

„Hätte ich dir auch mitbringen können. Hatte ich auch in der Hand. Eine Creme ‚für sensible Haut'!"

Wir mussten beide lachen. Dann nahm meine Frau die Creme in die Hand, und sagte: „Ach mein lieber Anton, du hast alles richtig gemacht, und mir genau das mitgebracht, was ich wollte. Eine Creme mit Q10 und Hyaluron. Das ist super gegen die kleinen Fältchen um die Augen."

„Die habe ich doch auch!", meinte ich. „Dann kann ich die ja auch benutzen! Für meine reife Haut, rund um die Augen. Komm wir gehen und holen noch eine Creme für mich. Bei der Gelegenheit gehen wir gleich noch am Reisebüro nebenan vorbei. Wir haben nämlich noch was vergessen. Wir beide sind auch so was von urlaubsreif. Was hältst du davon, wenn wir uns ein Wochenende in einem schönen Hotel buchen?"

„Das finde ich ganz wunderbar", sagte meine Frau, „ich finde dafür war es längst überreif!"

Ilse Gräfin von Bredow

Nachbarin, Euer Fläschchen

Leider ist das bei unseren Vorfahren so beliebte Riechsalz ganz aus der Mode gekommen. Wir, die Generation siebzig plus, behelfen uns mit einem vom Apotheker empfohlenen Mittel, das bei Unruhezuständen wahre Wunder wirken soll – und beunruhigt sind wir schnell. Wir erschrecken uns halb zu Tode, wenn uns auf dem Zebrastreifen ein Rechtsabbieger den Weg abschneidet, wir über meterlange Hundeleinen stolpern, an deren Ende eine Handvoll Hund hängt, und uns in einem Geschäft der donnernde Beat einer Musikbeschallung begrüßt, bei der man sich mit der Verkäuferin nur noch in Zeichensprache verständigen kann.

Uns beunruhigen zu kurz geschaltete Ampeln, glitschiges Laub, schlecht gestreute Fußwege, unerwartete Treppchen und Stufen, mit denen die Architekten gern unsere Straßen und Gebäude gedankenlos schmücken, Mitmenschen, die einem an der Kasse mit ihren Einkaufswagen aufmunternde Schubse versetzen und uns dadurch das verkramte Portemonnaie erst recht nicht finden lassen. Auch dass man Hinweise und Erklärungen nur noch auf Englisch serviert bekommt, verwirrt uns, so dass so mancher mobilitätseingeschränkte Senior seine liebe Mühe hat, das Serviceteam am Servicepoint zu finden.

Ebenso geht es uns mit den hoch oben angebrachten Hinweistafeln auf den Bahnhöfen, die wir nicht mehr lesen können, und wir fragen uns, warum die Wegstrecke nicht mehr wie früher deutlich lesbar an jedem Waggon vermerkt ist. In totale Panik jedoch gerät der Hochbetagte, wenn er den Waggon, in dem fürsorgliche Familienmitglieder ihm vor Wochen einen Fensterplatz gebucht haben, nicht finden kann. Man hat ihn kurzerhand, aus was für Gründen auch immer, vom Plan gestrichen, so dass die ganze Fürsorge vergeblich war, und der nette Mensch, der den Fahrgast abholen wollte, vollends verwirrt ist. Denn wie soll er nun auf dem überlangen Bahnsteig im Menschengewühl den armen Greis finden? Inzwischen hat ein abgehetzter Schaffner den unglücklichen Fahrgast mit den Worten „Hier habe ich noch ein schönes Plätzchen für Sie" auf einen Platz hinter einem Tisch komplimentiert, unter den er seine Beine zwängen muss, und statt blühender Landschaften erblickt er nun nur noch hin und her wandernde Reisende, die sich durch den Gang drängen, der zum Bistro führt.

Doch der Schrecken aller Schrecken sind Radfahrer im Dunkeln, die sich dem Wahn, Menschen hätten Augen wie Katzen, hingeben, und das in rasendem Tempo. Dann entschlüpft einem doch hin und wieder ein Wort, das mit „A" anfängt und wofür – wie man häufig genug liebevoll erzieherisch dem Enkel erklärt – einem früher als Kind der Mund mit Seife ausgewaschen worden wäre.

Aber nicht nur in freier Wildbahn lauern auf uns Angst und Schrecken – sogar in der eigenen Wohnung werden wir davon nicht verschont. Über das Rollo im Schlafzimmer, das uns tagsüber vor der Sonne schützt und nachts vor dem Licht der Straßenlaternen, haben wir beim Rauf- und Runterziehen nie viel nachgedacht. Doch plötzlich bekommt es einen Wutanfall, dreht sich in rasendem Tempo um sich selbst und springt aus der Halterung. Als man es, auf der Leiter stehend, mit lebensbedrohlichen Verrenkungen wieder in Ordnung gebracht zu haben meint, hängt es vor lauter Überanstrengung nur noch schlapp herunter und rollt sich nicht mehr auf.

Aber das ist nicht das einzige Beklagenswerte an diesem Tag: Sozusagen im gleichen Atemzug verabschieden sich der Wasserkocher in der Küche von uns, die Glühbirne aus der Nachttischlampe und ein oft und gern benutzter Kugelschreiber. Der Haken, an dem die Waschlappen hängen, löst sich von den Kacheln und fällt in die Badewanne, die Tür zum Wohnzimmer fängt an zu quietschen, und das Plätteisen verursacht einen Kurzschluss.

Fast sämtliche technischen Geräte, die ich als Autorin fast dreißig Jahre lang benutzt hatte, gaben eines Tages plötzlich ihren Geist auf – eine Katastrophe! Manchmal denke ich, dass all die Gegenstände, die uns so klaglos dienen und die wir so wenig beachten, in einer Gewerkschaft sind und ab und zu in Streik treten, um uns zu zeigen, was wir ohne sie wären und wie dumm wir dann dastünden.

Aber das helle Entsetzen wartet auf uns, wenn wir gerade gemütlich vor dem Fernseher sitzen, nichts ahnend – „Kaiser Wilhelm saß ganz heiter, dacht an Ems und gar nichts weiter" – aufstehen und uns in die Küche begeben wollen, um uns etwas Leckeres zu holen. In diesem Moment kommen wir ins Stolpern, es wird uns schwindelig oder uns versagen die Beine. Selbstverständlich haben wir für alle Fälle bei der Nachbarin einen Schlüssel deponiert, und wir brauchen nur kräftig an die Wand zu klopfen, dann ist gleich jemand zur Stelle. Da liegen wir nun und denken: „O Gott." Aber da rollt schon die Lawine über uns – erst die Nachbarin, dann der Notarzt und der Notfallwagen, und ehe überhaupt ein freundlicher Mensch einem die richtigen Socken und die richtigen Papiere herausgesucht hat, wird man schon von den voll im Einsatz befindlichen Sanitätern, auf die noch mehr Kunden warten, gemahnt: „Geht es nicht ein bisschen schneller?"

Natürlich passieren solche Katastrophen nur am Wochenende, an Feiertagen oder in den Ferien, wenn sich alles, was einen weißen Kittel trägt, zum großen Teil im Urlaub befindet. Das erste Krankenhaus belegt, das zweite Krankenhaus belegt, erst das Krankenhaus am Rande der Stadt ist bereit, dem Patienten noch ein Plätzchen einzuräumen. Für einen Notfall wie diesen braucht es starke Nerven und einen wachen Geist, und beides ist einem gerade total abhandengekommen.

Die Untersuchungen sind professionell und gründlich. Am Ende birgt der Körper keine Geheimnisse mehr.

„Woher stammt denn diese lange Narbe an Ihrem rechten Bein?"

„Bombensplitter, Herr Doktor."

„Bombensplitter? Sind Sie in einen terroristischen Anschlag geraten?"

„Nein, aber in einen Bombenangriff auf Berlin."

Ist es tatsächlich erst zwölf Stunden her, dass man hier

eingeliefert wurde? Dem Patienten kommt es vor, als wäre es eine Ewigkeit.

„Was nehmen Sie denn für Medikamente? Schon gut, ich sehe. Die vergessen wir mal gleich. Hier kriegen Sie etwas ganz anderes."

Am nächsten Tag geht es erst richtig zu Sache. Spärlich bekleidet sitzt man überall herum, zur Blutabnahme, zum Röntgen, zum EKG, und man gibt, das verraten einem die Blicke, zu den gestellten Fragen immer die falsche Antwort. Außerdem ist man immer noch etwas durcheinander.

Endlich liegt man wieder in seinem Bett. Es ist reichlich schmal, und eine zweite Decke könnte man auch gut gebrauchen. Am Nachmittag kommt eine nette, proper aussehende Frau zu uns, Typ reizende junge Ehefrau für den Enkel. Sie hält uns eine bebilderte Tafel unter die Nase, zeigt auf etwas und sagt akzentuiert: „H a s e", und der Patient, brillenlos und ohne Hörgeräte, antwortet gehorsam: „T a n n e."

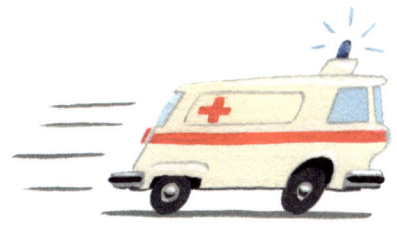

Käthe Lachmann

Immer weiter

Johanna seufzte zufrieden. Sie lag in der Hängematte im Schatten ihrer Blutpflaume und freute sich einmal mehr darüber, dass sie vor zwei Jahren die Entscheidung für diesen Garten im Kleingartenverein *Rosenblüte* getroffen hatte. Schon seit einigen Jahren hatte sie auf der Warteliste gestanden und als es dann endlich so weit war und der Vereinsvorstand ihr diese Parzelle angeboten hatte, war sie sich gar nicht mehr sicher, ob das der richtige Zeitpunkt war. Denn es war nur noch ein Jahr hin bis zur Rente und sie wusste nicht, welche Kosten ein Garten bedeuteten und ob sie sich den Garten mit ihren geringeren (Renten-)Bezügen überhaupt leisten konnte. Außerdem war es ja so klischeemäßig, eine Rentnerin im Schrebergarten!
Aber alle Freunde und Freundinnen, die selbst einen Garten hatten, und die, die sich einen wünschten, hatten sie beglückwünscht und ihr zugeraten. Dafür war sie heute sehr, sehr dankbar. Dass vor allem ihr Paten„kind" Lise, die 23-jährige Tochter ihrer besten Freundin Elena, völlig begeistert war von der Aussicht, mit ihr zu gärtnern und zu ernten, zu grillen und zu

chillen, hatte für sie letztendlich den Ausschlag gegeben: Ein Schrebergarten war anscheinend nicht mehr nur etwas für alte Leute, Leute im Ruhestand – auch die Jungen wussten ein Fleckchen Grün etwas außerhalb der Stadt zu schätzen.

Johanna hatte große Schwierigkeiten damit, jetzt plötzlich Rentnerin zu sein. Sie fühlte sich viel jünger als siebenundsechzig und hatte Angst davor, zum alten Eisen zu gehören. Sie verstand Elena nicht: Die war schon zwei Jahre vor ihr in Rente gegangen und zelebrierte ihr Rentendasein geradezu.

Ständig machte sie Senioren-Busreisen nach Kassel zur Dokumenta und nach Berlin zur Bundestagsbesichtigung, war im Buchclub der Stadtbibliothek und arbeitete ehrenamtlich am Sorgentelefon. Sie war geradezu eine Vorzeigerentnerin. Wirklich jede Reise nahm sie mit, natürlich übte sie sich auch in Hinterglasmalerei in einem Vormittagskurs an der Volkshochschule, sogar schon in dem für Fortgeschrittene.

Ab und zu trafen sie sich, die beiden Freundinnen aus Studienzeiten, wenn Elena Zeit hatte und in den Garten kam, oder sie sich nachmittags mit Dutzenden weißhaarigen Damen einen Arthousefilm in einem Programmkino ansahen. Das bestätigte Johanna noch mehr: Sie fühlte sich einfach viel zu jung fürs Rentnerinnendasein, würde niemals Beige tragen und ihre Haare weiterhin färben – zum Glück war sie blond. Ja, sie war letztes Jahr zur Rentenberatung gegangen, wie ihre Chefin ihr geraten hatte, das war gut gewesen, denn eigentlich war ihr erst da so richtig bewusst geworden, dass sie bald nicht mehr arbeiten „musste". Dabei wollte sie doch arbeiten! Ihr Job als Controllerin bei einem Unternehmen für Recyclinglösungen machte ihr sehr viel Freude, sie verstand sich blendend mit ihrer Chefin und den Kolleginnen und Kollegen und fühlte sich und ihre Arbeit wertgeschätzt. Wieso sollte sie denn da nicht weitermachen? Nur weil sie jetzt dieses Alter hatte! Und ihre Nachfolgerin schon in den Startlöchern gestanden hatte. Sie hatte sie eingearbeitet, widerwillig, aber gewissenhaft. Zu ihrer Verabschiedung hatte Johanna nur die engsten Freunde eingeladen.

Wenigstens die Menschen, die sie nicht so gut kannten, wie ihre Nachbarn zu Hause oder im Garten, sollten nicht erfahren, dass sie in Rente war. Das ging die schließlich überhaupt nichts an! Und sie konnte noch ein Weilchen den Schein wahren und sich jünger fühlen. Deshalb blieb sie bei ihrer Routine:

Sie ging um halb acht aus dem Haus und kam meist gegen halb fünf wieder zurück.

Und dazwischen war sie im Garten. Egal, ob Sonne oder Regen, radelte sie in ihren Schrebergarten, zog sich in der Laube um und je nach Wetter jätete sie Unkraut, pflanzte um, schnippelte und zupfte und hielt ihr Gesicht in die Sonne, oder, wenn es zu usselig war, blieb sie in der Laube und sortierte Samentütchen, putzte und wischte, mistete die Schränke und den Schuppen aus, stöberte in Gartenzeitschriften und Büchern nach neuen Pflanz- und Anbauideen.

In ihrem Kleingartenverein schien sich niemand über ihre ständige Anwesenheit zu wundern, die meisten kamen sowieso nur am Wochenende und wenn Johanna doch mal jemanden traf, grüßte man sich und redete über das Wetter, die gute oder schlechte Tomaten- und Gurkenernte und die neuesten Schnecken-Abwehr-Tricks.

Direkt neben Johanna war der Garten von Maria, einer Frau in ihrem Alter, wie Johanna schätzte und ihr war ein naturnaher Garten extrem wichtig. Über Winter ließ sie die vertrockneten Blütenstängel stehen, um Kleinstinsekten Unterschlupf zu bieten, schichtete Laub zu einem großen Haufen unter dem tiefhängenden Laubendach für Igel und Mäuse auf, pflanzte nur insekten- und vogelfreundliche Gewächse und setzte sich gegen das Verwenden von Unkraut- und Insektenvernichtungsmittel ein. Johanna hatte von ihr schon viele Tipps bekommen, denn sie wollte von Anfang an darauf achten, statt gegen, mit der Tierwelt im Garten zu sein.

In letzter Zeit begegnete sie Maria immer häufiger. Zwar war der Blick nach drüben zu ihr von einer dichten Buchenhecke verstellt, an der Rückseite von Marias Laube jedoch, dort, wo die Regenrinne in einer Tonne endete und Maria regelmäßig Wasser holte, war ein etwa fünfzig Zentimeter breiter Spalt, durch den sich die Nachbarinnen begrüßen konnten, wenn sie sich entdeckten.

Hatte Maria Urlaub? Oder warum war sie so oft tagsüber im Garten? Sie war doch erfolgreich in ihrem Beruf, hatte sie Johanna erst kürzlich erzählt. Johanna grübelte, während sie mit dem Akkuschrauber das eingerissene, durchsichtige Kunststoffdach über den Tomaten wieder befestigte. War sie nicht für irgendeine Softwarefirma tätig? Ihr Blick schweifte über Marias Laube.

Als hätte sie ihre Gedanken gelesen, klang es von der Regentonne herüber: „Hey, Frau Nachbarin, du bist aber oft hier in letzter Zeit, wie schön!"

Johanna setzte den Akkuschrauber ab, ging zu dem Loch in der Hecke und grüßte fröhlich zurück: „Hallo,

Maria! Ja, wenn es so herrlich ist, bin ich immer mit dem Rechner hier. Garden-Office!" Sie wunderte sich über sich selbst, wie einfach ihr diese Flunkerei über die Lippen ging.

„Ah! Ja, das mache ich auch gerne. Diese Stille! Man kann sich super konzentrieren. Wenn nicht gerade jemand Rasen mäht." Sie lachte: „Möchtest du rüberkommen, ich habe gerade Kaffee gemacht und Kuchen mitgebracht, selbstgebacken, mit eigenen Zwetschgen!"

„Wow, das klingt toll, ich mache das noch eben zu Ende, dann komme ich gerne rüber und verbringe die Mittagspause mit dir, gib mir fünf Minuten!"

Die ersten Astern bildeten zart-violette Büsche, riesige Sonnenblumen in Gelb bis Rostrot nickten mit ihren schweren Köpfen sanft im Wind und die rosafarbenen Kletterrosen hatten scheinbar noch einmal alle Kraft in ihre zweite Blüte gesteckt. „Wunderschön, dein Garten!", freute sich Johanna und ließ sich gegenüber von Maria auf einem Rattansessel nieder. Maria schenkte ihr Kaffee ein und ließ sie wissen: „Ich hab jetzt leider doch nur eine knappe halbe Stunde Zeit, ich habe gleich noch einen Call. Zum Glück ist hier im Garten das Netz so gut, dass man sehr gut arbeiten kann, oder?"

„Mhm", machte Johanna, die gerade genüsslich eine Zwetschge am Gaumen zerdrückte. „Sehr lecker! Ich hab eben überlegt: Was machst du nochmal beruflich?", fragte sie fast automatisch und ärgerte sich sofort darüber, dass sie sich auf dieses heikle Terrain begeben hatte. Eigentlich wollte sie doch von allem Beruflichen ablenken und ihre Gartennachbarin nicht auch noch direkt draufstoßen! „Ich arbeite bei einem Softwareunternehmen im Vertriebsinnendienst. Ein toller Job! Es macht mir unheimlich viel Spaß. Und ich bin dabei so flexibel!" Maria strahlte und nahm noch einen Schluck Kaffee. „Und du? Du bist Controllerin, hast du mal erzählt, oder?"

Johanna schluckte, bevor sie antwortete: „Ja, bei einem Unternehmen für Recyclinglösungen." Maria kräuselte die Stirn: „Und, kannst du gut im Garten arbeiten?" Jetzt lachte Johanna: „Naja, ich brauche eigentlich nur Internet. Und das habe ich selbst hier. Ein sehr gutes sogar. "

„Ja, das ist das Wichtigste. Du hast wahrscheinlich auch von der Firma einen mobilen W-Lan-Hostspot?" Johanna beeilte sich zu nicken, auch wenn sie sicher war, dass sie so etwas von ihrer Firma nicht bekommen hatte, selbst als sie noch arbeitete. Bevor Maria noch etwas anderes fragen konnte, wollte Johanna wissen:

„Sag mal, teilst du die Astern alle paar Jahre? Ich hab gehört, das soll man machen und sie dann anderswo hinpflanzen?"

Die beiden Frauen unterhielten sich, bis Maria mit einem Seufzen auf ihre Handyuhr guckte und meinte: „Ich muss! Das war aber schön, das machen wir wieder!", was Johanna eifrig nickend bejahte. Insgeheim aber dachte sie sich, dass es von ihrer Seite aus gar nicht so bald dazu kommen musste, schließlich war es leichter, die Deckung aufrechtzuhalten, wenn man sich möglichst wenig unterhielt.

„Frau Sönnichsen! Immer unterwegs – trotz Wind und Wetter!" Johannas Nachbarin und Hausmeisterin ihres Mietshauses, Frau Regeler, holte die Mülltonne jedes Mal umgehend wieder rein, sobald die Herren von der Müllabfuhr sie losgelassen hatten. Wahrscheinlich war das für sie ihr Wochenhighlight, überlegte Johanna, während sie sich trotz Nieselregens auf ihr Fahrrad schwang. „Frau Regeler, bin spät dran! Einen schönen Tag wünsche ich Ihnen!", rief sie fröhlich und machte sich auf den Weg in den Garten. Es hatte schon etwas für sich, alleine zu wohnen, fand Johanna, so musste sie wenigstens da niemanden anlügen. Aber die Nachbarn, hier und im Garten, mussten ja nicht unbedingt Bescheid wissen. Noch nicht, jedenfalls.

Im Garten angekommen, war Johanna klitschnass. Als sie ihre Laube aufschloss, entfuhr ihr ein kräftiger Nieser. „Gesundheit!" schallte es hinter der Buchenhecke hervor. „Danke, Maria!", antwortete Johanna. War die schon wieder da? Egal. Sie wollte sich heute mal die Spinnweben vornehmen, die sich ganz oben im Dachstuhl ihrer Laube angesammelt hatten.

An der Gartenpforte hatte sie eine Fahrradklingel installiert, damit Besuch sich bemerkbar machen konnte, diese Klingel schallte jetzt wie verrückt. „Ist ja gut, ich komme", brummelte Johanna vor sich hin und schlurfte nach draußen, dort stand Maria. „Hey, Johanna, kannst du mir helfen?"

„Was ist denn los?"

„Ich habe gleich eine Teams-Sitzung, also Videotelefonie."

„Du brauchst mir nicht erklären, was das ist, hab ich doch auch andauernd!" Johanna zuckte betont genervt mit den Schultern.

„Entschuldige, aber genau aus dem Grund – wir haben doch etwa dieselbe Konfektionsgröße, oder? Ich habe 42."

„Ich auch, 40-42."

„Na also. Ich habe leider vergessen, mir eine ordentliche Bluse mitzunehmen und habe nur dieses gammelige Garten- Hemd, und wir haben gleich spontan eine Telefonkonferenz mit Amerika."

Oh. Sie war ja wirklich noch voll dabei. Wahrscheinlich war sie doch jünger als Johanna.

„Und wie kann ich dabei helfen?"

„Ich wollte dich fragen, ob du mir vielleicht von dir was businessmäßiges leihen kannst, für den Call! Nach Hause schaffe ich das nicht mehr, bin mit den Öffis hier und mein Chef hat das echt total spontan angesetzt!"

Johanna guckte an sich herunter. Alles an ihr triefte. „Ich bin nass."

„Aber du hast doch bestimmt etwas da? Eine Bluse, oder ein schickeres Shirt? Für deine Videokonferenzen? Ich habe meine Sachen, die ich normalerweise hier habe, ausgerechnet gerade in der Reinigung…"

Johanna wurde heiß. Natürlich hatte sie überhaupt gar nichts da für „Videokonferenzen", weil sie einfach nie mehr eine Videokonferenz haben würde. Aber das ging Maria nun einmal so gar nichts an: „Weißt du, wir sind bei uns sehr entspannt, wir machen auch mit ausländischen Geschäftspartnern kein großes Buhei, wir konferieren immer im Freizeitlook. Und ein sauberes T-Shirt müsste ich irgendwo haben, wenn das für dich ok ist?"

Anscheinend war Johanna überzeugend rübergekommen, denn Maria meinte nur: „Das wäre super, vielen Dank!"

Mit einem schlichten grünen Baumwoll-T-Shirt mit V-Ausschnitt unter dem Arm beeilte sich Maria, nach nebenan zu kommen.

Mist. Maria arbeitete anscheinend wirklich noch und hatte auch keinen Urlaub. Da würde ihr bestimmt bald auffallen, dass Johanna frei hatte, und zwar für immer? Sie musste sich etwas einfallen lassen. Vielleicht sollte sie das Heckenloch stopfen. Oder ihren „Schreibtisch", ein in die Jahre gekommenes Aluklapptischchen, in Marias Sichtachse stellen und öfter dort mit ihrem Laptop sitzen. Sie entschied sich für Letzteres und legte ihren Roman, in dem sie gerade schmökerte, auf die Tatstatur, wenn sie dort saß. Und sie steckte sich beim Unkrautjäten ihre Earbuds in die Ohren und führte „geschäftliche Telefongespräche", wenn sie Maria hinter der Hecke erahnte.

„Ja, natürlich haben Sie die Zahlen spätestens am Freitag auf dem Tisch, überhaupt kein Problem!" Sie kniete gerade im Staudenbeet vor der Hecke und „telefonierte mit ihrer Chefin", als ihre Pfortenklingel ertönte. „Gut, Frau Müller, dann also bis spätestens Freitag!", rief sie fröhlich in die Luft und winkte Maria herein.

„Meine Chefin. Am liebsten will sie alles vorgestern haben." Sie seufzte theatralisch.

Maria zeigte auf Johannas Handy, das auf ihrem Schreibtischchen lag. „Komisch, dein Handy war beim Telefonieren gar nicht an."

Johanna spürte, wie sie rot wurde und beeilte sich zu sagen: „Das ist mein Privathandy. Das Geschäftshandy liegt drinnen." Diese dumme Nuss. Was ging sie das an? Wieso war sie überhaupt schon wieder hier und ließ sie nicht einfach in Ruhe?

„Achso. Du, ich muss dir was beichten. Weil, allmählich wird mir das zu anstrengend." Maria guckte geknickt. „Können wir uns kurz zusammensetzen?"

Was sie wohl wollte? Johanna merkte, wie ihr heiß wurde. Sie hatte schon von so vielen Nachbarschaftsstreitigkeiten in Kleingärten gehört, sie war so froh, dass sie mit Maria gut klarkam und auf der anderen Seite des Gartens der Weg war. „Na klar. Komm, wir gehen auf die Terrasse." Sie holte Polster, eine Flasche Wasser und zwei Gläser. „Ich meine, hast du überhaupt Zeit? Du bist doch gerade voll beschäftigt mit deiner Arbeit." Maria klang überhaupt nicht so, als nehme sie ihr ihre berufliche Tätigkeit nicht ab.

„Nein, nein, das geht schon", winkte Johanna ab. „Schieß los!"

Maria war knallrot, es schien ihr wirklich schwerzufallen: „Du, ich hab dir doch gesagt, ich wäre noch beruflich tätig. Das stimmt nicht. Ich bin in Rente. Seit einem halben Jahr."

Erleichtert lachte Johanna auf: „Das gibt's ja nicht!"

„Doch, tut mir leid. Ich komme damit nur einfach nicht zurecht. Deshalb hab ich dich angeschwindelt. Aber ich mag dich echt gerne, und ich wollte es dir lieber sagen, bevor du es selbst herausfindest. Ich glaube, wenn man, wie du, noch mitten im Berufsleben steht, hat man ein Gespür dafür – und ich wäre echt ungern aufgeflogen."

Jetzt war es an Johanna, rot zu werden. Trotzdem musste sie sehr lachen: „Ich bin auch in Rente!"

„Nein, wirklich?" Maria sah sie mit großen Augen an und stimmte in ihr Lachen mit ein. „Mir geht es wie dir, ich kann mich irgendwie nicht damit abfinden und dachte, es muss ja nicht gleich jeder wissen. Aber ich bin froh, dass wir es uns jetzt gesagt haben. Warte, ich habe Cremant im Kühlschrank, den köpfen wir jetzt, wir haben ja beide keine Calls mehr heute!"

Lachend und prustend lagen sich die beiden Frauen in den Armen und stießen an: „Auf unseren Ruhestand! Machen wir das Beste daraus!"

Franz Hessel

Die Kunst, spazieren zu gehn

Diese altertümliche Fortbewegungsform auf zwei Beinen sollte gerade in unserer Zeit, in der es so viel andre zweckmäßigere Transportmittel gibt, zu einem besonders reinen zweckentbundenen Genuss werden. Zu deinen Zielen bringen dich die privaten und öffentlichen Benzinvulkane und andre Vehikel. Für deine Gesundheit magst du das sogenannte Footing machen, diese Art beschwingteren Exerzierens, bei dem man so damit beschäftigt ist, die Bewegungen richtig auszuführen und mit richtigem Atmen zu verbinden, dass man nicht dazu kommt, gemächlich nach rechts und links zu schauen. Spazierengehn ist weder nützlich noch hygienisch, es ist ein Übermut, wie – nach Goethe – das Dichten. Es ist wie jedes Gehen und mehr als jedes andre Gehen zugleich ein Sichgehenlassen: Man fällt von einem Fuß auf den andern und balanciert diesen Vorgang. Kindertaumel ist unserm Gehen und das selige Schweben, das wir Gleichgewicht nennen.

Ich darf in diesen „ernsten Zeiten" das Spazierengehn getrost empfehlen. Es ist wirklich kein spezifisch bürgerlich-kapitalistischer Genuss. Es ist ein Schatz der Armen und fast ihr Vorrecht. Gegen den zunächst berechtigt erscheinenden Einwand der Beschäftigten: „Wir haben keine Zeit, spazieren zu gehn!", mache ich dem, der diese Kunst erlernen oder nicht verlernen möchte, den Vorschlag: Steige gelegentlich auf deinen Wegen eine Station vor dem Ziel aus dem Autobus oder Auto und ergehe dich ein paar Minuten. Wie oft bist du zu früh am Ziel und musst eine öde Wartezeit in Büros und Vorzimmern mit Zeitungslektüre und Ungeduld verbringen. Mach Ferien des Alltags aus solchen Minuten und flaniere ein Stück Wegs. In jedem von uns lebt ein heimlicher Müßiggänger, der seine leidigen Beweggründe bisweilen vergessen und sich grundlos bewegen will. Dem wird die Straße ein Wachtraum, Schaufenster sind ihm nicht Angebote, sondern Landschaften, Firmennamen, besonders die Doppelnamen mit dem so Verschiedenes verbindenden & in der Mitte, werden ihm mythologische Gestalten und Märchenpersonen, die Anschläge an Häusern und Hauseingängen kuriose, erheiternde oder grausige Abkürzungen des Lebens und Treibens. Keine Zeitung liest sich so spannend wie die leuchtende Wanderschrift, die dachentlang über Reklameflächen gleitet. Und das Verschwinden dieser Schrift, die man nicht zurückblättern kann wie ein Buch, ist ein augenfälliges Symbol der Vergänglichkeit – einer Sache, die der echte Genießer immer wieder gern eingeprägt bekommt, um die Wichtigkeit & Einzigkeit seines zwecklosen Tuns im Bewusstsein zu behalten.

Ich schicke dich zeitgenössischen Spaziergangsaspiranten nicht in fremde Gegenden und zu Sehenswürdigkeiten. Besuche deine eigne Stadt, spaziere in deinem Stadtviertel, ergehe dich in dem steinernen Garten, durch den Beruf, Pflicht und Gewohnheit dich führen. Erlebe im Vorübergehn die Geschichte von ein paar Dutzend Straßen. Beobachte

ganz nebenbei, wie sie einander das Leben zutragen und wegsaugen, wie sie abwechselnd oder fortfahrend stiller und lebhafter, vornehmer und ärmlicher, kompakter und bröckliger werden, wie alte Gärten sich inselhaft erhalten oder von nachbarlichen Brandmauern bedrängt absterben. Erlebe, wie und wann die Straßen fieberhaft oder schläfrig werden, wo das Leben zum stoßweis drängenden Verkehr, wo es zum behaglich drängelnden Betrieb wird. Lern Schwellen kennen, die immer stiller werden, weil immer seltener fremde Füße sie beschreiten und sie die bekannten, die täglich kommen, im Halbschlaf einer alten Hausmeisterin wiedererkennen. Und neben all diesem Bleibenden oder langsam Vergehenden bietet sich deiner Wanderschau und ambulanten Nachdenklichkeit die Schar der vorläufigen, provisorischen Baulichkeiten, der Abbruchsgerüste, Neubauzäune, der Bretterverschläge, die zu leuchtenden Farbflecken werden im Dienst der Reklame, zu Stimmen der Stadt, zu Wesen, die rufend und winkend auf dich einstürmen, während die alten Häuser von dir wegrücken. Und hinter den Latten, durch Lücken sichtbar, Schlachtfelder aus Steinen, widerstandslose Massen von Material, in welche eiserne Krane und stählerne Hebel greifen.
Verfolge *en passant* die Lebensgeschichte der Läden

und der Gasthäuser. Lern das Gesetz, das einen aber-
gläubisch machen kann, von Stätten, die kein Glück
haben, obwohl sie günstig gelegen scheinen, den Stätten, wo die Besitzer und die Art des Feilgebotenen
immer wieder wechseln. Wie sie sich, wenn ihnen der
Untergang droht, fieberhaft übertreiben, diese Läden,
mit Ausverkauf, aufdringlichem Angebot und groß
geschriebenen niedrigen Preisen! Wie viel Schicksal,
Gelingen und Versagen kannst du von Warenauslagen
und Speisekartenpreisen ablesen, ohne dass du durch
Türen trittst und Besitzer und Angestellte siehst. Ja,
was da liegt, hängt, zu lesen ist, sagt dir oft mehr als
Worte und Benehmen der Menschen. Und da komm
ich auf ein wichtiges Erlebnis des Spaziergängers: Er
braucht nicht einzutreten, er braucht sich nicht einzu-
lassen. Ihm genügen Schaufenster und das Schauspiel
der Aus- und Eingänge. Von Aufschriften liest er das
Leben ab. Und wenn er aufblickt und wegblickt von
den Dingen, sagen ihm auch die Gesichter der vorüber-
gehenden Unbekannten mit einmal mehr.
Es ist das unvergleichlich Reizvolle am Spazierengehn,
dass es dich ablöst von deinem mehr oder weniger leidigen Privatleben. Du verkehrst, du kommunizierst
mit lauter fremden Zuständen und Schicksalen. Das
merkt der echte Spaziergänger an dem merkwürdigen

Erschrecken, das er verspürt, wenn in der Traumstadt seines Flanierens ihm plötzlich ein Bekannter begegnet und er dann mit jähem Ruck wieder ganz einfach ein feststellbares Individuum ist.

Das Spazierengehn ist nur selten eine gesellige Angelegenheit wie etwa das Prominieren, das wohl früher einmal (jetzt nur noch in Städten, wo es eine Art Korso gibt) ein hübsches Gesellschaftsspiel, eine reizvolle theatralische oder novellistische Situation gewesen sein mag. Es ist gar nicht leicht, mit einem Begleiter spazieren zu gehen. Nur wenige Leute verstehen sich auf diese Kunst. Kinder, diese sonst in vielem vorbildlichen Geschöpfe, machen aus dem Spazieren ein Unternehmen mit heimlichen Spielregeln, sind so beschäftigt, beim Beschreiten des Pflasters das Berühren der Randflächen und sandigen Ritzen zu vermeiden, dass sie nicht aufschauen können; oder sie benutzen die Reihenfolge der Dinge, an denen sie vorbeikommen, zu seltsam abergläubischen Berechnungen, sie trödeln oder eilen, sie gehn nicht spazieren. Leute, die berufsmäßig beobachten, Maler und Schriftsteller, sind oft sehr störende Begleiter, weil sie ausschneiden und umrahmen, was sie sehn, oder es ausdeuten und umdeuten, auch zu plötzlich stehn bleiben, statt das Wanderbild wunschlos in sich aufzunehmen. Und so bist du echter Spaziergänger meist allein und musst dich hüten, zu der düstern Romanfigur zu werden, die ihr eigenes Leben von den Häuserkulissen abliest, wenn sie mit melancholisch hallenden Schritten die Straße durchmisst, um dem Autor des Buches zur Exposition seiner Geschichte Gelegenheit zu geben.

Der richtige Spaziergänger ist wie ein Leser, der ein Buch nur zu seinem Zeitvertreib und Vergnügen liest – ein selten werdender Menschenschlag heutzutage, da die meisten Leser in falschem Ehrgeiz wie auch die Theaterbesucher sich für verpflichtet halten, ihr Urteil abzugeben (ach, das viele Urteilen! Selbst die Kunstrichter sollten lieber weniger urteilen und mehr besprechen. Schön wär's, wenn Kritiker, was sie behandeln, besprechen könnten wie Zauberer die Krankheiten). Also eine Art Lektüre ist die Straße. Lies sie. Urteile nicht. Finde nicht zu schnell schön und hässlich. Das sind ja alles so unzuverlässige Begriffe. Lass dich auch täuschen und verführen von Beleuchtung, Stunde und dem Rhythmus deiner Schritte.

Werde Menge. Schließ dich zeitweilig Umzügen an. Mach Aufläufe mit. Wenn gerade irgendwo Geschäftsschluss oder das Theater aus ist, so bleib ein Weilchen stehn, als erwartest du jemanden. Solche gespielte Absicht entrückt dich nicht der schönen Zwecklosigkeit deines Tuns.

Bei langem Gehn bekommst du nach einer ersten Müdigkeit neuen Schwung. Dann trägt das Pflaster dich mütterlich, es wiegt dich wie ein wanderndes Bett. Und was du alles siehst in diesem Zustand angeblicher Ermattung! Was dich alles ansieht! Immer vertrauter wird mit dir die Straße. Sie lässt ihre älteren Zeiten durchschimmern durch die Schicht Gegenwart. Was kannst du da, sogar in unserem Berlin, erleben in gar nicht offiziell historischen Gegenden. Ich brauche dich nicht in den Krögel oder nach Altkölln zu schicken.

Noch einen Rat: Es empfiehlt sich, nicht ganz ziellos zu gehen. Du wunderst dich nach dem, was ich bisher gesagt habe, über diese Äußerung? Aber auch in dem *Aufs Geratewohl* gibt es einen Dilettantismus, der ungünstig ist. Beabsichtige, irgendwohin zu gelangen. Vielleicht kommst du in angenehmer Weise vom Weg ab. Aber der Abweg setzt immer einen Weg voraus. Wenn du unterwegs etwas ansehn willst, geh nicht zu gierig darauf los. Sonst entzieht es sich dir. Lass ihm Zeit, auch dich anzusehn. Es gibt ein Aug in Aug auch mit den sogenannten Dingen. Wohingegen es sich bei Menschen oft empfiehlt, sie ungesehen anzuschauen. Da geben sie ungewollt Leben her, das sie im streitbaren Treffen der Blicke verteidigend vorenthalten.

Da habe ich nun immer nur vom Spazieren in der Stadt gesprochen. Nicht von der merkwürdigen Zwischen- und Übergangswelt: Vorstadt, Weichbild, Bannmeile mit all ihrem Unaufgeräumten, Stehengebliebenen, mit den plötzlich abschneidenden Häuserreihen, mit Schuppen, Lagern, Schienensträngen, mit dem Laubhüttenfest der Schrebergärten. Aber da ist schon der Übergang zum Lande und zum Wandern. Und das Wandern ist wieder ein ganz andres Kapitel aus der Schule des Genusses. Schule des Genusses? Ja, in die müssten wir wieder gehn. Eine schwere Schule, eine holde und strenge Zucht. Am Ende aber gibt es sie gar nicht; und wenn man sie zu gründen versuchte, es käme ein schrecklicher *Ernst des Lebens* dabei heraus.

Kurt Tucholsky

Der Zeitsparer

Am 27. Februar 1926 war es so weit. – Die Herren in weißen Laboratoriumsmänteln erfüllten den großen Raum, bewegten sich unruhig, lachten, gestikulierten und sprachen aufgeregt durcheinander. Denn sie hatten zwei Stunden regungslos gehorcht, abwechselnd auf den ungefügen Apparat gestiert, der in der Mitte des Hörsaales stand, und auf den kleinen Mann, der leichenblass auf einem Stühlchen saß und mit leiser Stimme Erläuterungen gab …
Der deutsche Professor Gottlieb Friedrich Waltzemüller hatte den Zeitsparer erfunden.

Der Apparat hob die Zeit auf. Er war gar nicht so kompliziert, und wenn Sie Ihrerseits aufs Patentamt gehen, werden Sie sehen, dass ich recht habe: Denn da bekommen Sie die Erklärung zu dem Ding, das aussah, – damals, heute sind sie ja anders – wie ein zugedecktes Bett aus Stahl. Man legte sich hinein, und was man da an Zeit ersparte – denn drinnen liefen ja die Uhren nicht, nicht die elektrischen und nicht die Sanduhren, – das konnte man beliebig irgendwo in seinem Leben wieder ankleben und einfügen, – wo man es gerade brauchte ...

Das gab ein Hallo! Mit dem Herumtrödeln auf der Erde war es auf einmal vorbei. Niemand hatte mehr Zeit zu verlieren. Die Redensart „Ich habe keine Zeit" wurde Formel für den Offenbarungseid – und es war ganz erstaunlich, wie sich die Menschen beeilten, um mit den nötigsten Obliegenheiten fertig zu werden. Sie sparten! Keiner tat noch etwas anderes, als im Eiltempo die wenige Nahrung zu sich zu nehmen und sich dann befriedigt in den Apparat zu packen. Dadrinnen sparte er nun Zeit und legte sie auf die hohe Kante. Wer ging noch spazieren? Wer hatte noch Augen zu sehen, was auf der Welt vor sich ging? Sie lasen nicht, sie liebten nicht, sie freuten sich nicht mehr – sie sparten.

Carnegie hatte zu allem Zeit. Er aaste geradezu mit der Zeit, als ob er sie später nicht noch einmal brauchen könnte. Aber dafür war vorgesorgt: Er kaufte Zeit auf. Und tausend arme Teufel legten sich krumm, damit der kleine weißhaarige Herr sich so recht gemütlich eine Birne schälen oder gar ein Stückchen zu Fuß gehen konnte.

Es gab eine Zeitbörse. Da wurde die Zeit gehandelt, – und weil sie sehr gut bezahlt wurde, so legten sich ganze Dörfer industriemäßig in den Kasten aus Stahl, sparten und verkauften meistbietend. Darauf fielen die Preise – aber durch einen Trust gelang es, eine kräftige Hausse zu erzielen.

… Einmal gab es einen Corner: Mister Woolf aus New York, der infolge eines tödlich verlaufenen Unterhaltungsromans einen schrecklichen Tod gefunden hatte, lebte wieder auf, weil er fühlte, dass hier ein Geschäft zu machen sei, kaufte auf – ich glaube, er hat damals im Ganzen zirka 70 000 Jahre gehabt –, wurde eingekreist und musste losschlagen. Man konnte darauf den Tag schon für 5 Cent haben, und die Leute bummelten, dass es eine Schande war. Die Theater machten weit auf, ganz reiche Herrschaften begannen Fußball zu spielen, und man sah bereits wieder Angehörige des mittleren Bürgerstandes, die im Schein der untergehenden Sonne lässig vor der Schwelle ihres Häuschens stehend träumerisch in der Nase bohrten …

Aber das ging vorüber: Der Monat Zeit kostete wieder seine achtzig Dollar, und alles war wie früher.

So lagen die Dinge, als sich eine seltsame Nachricht auf der Erde verbreitete. Bei München, hieß es, lebe ein Mann, der spare überhaupt keine Zeit! Hat man je so etwas gehört? Er sei Menschendoktor und heiße Bruck. Dr. Bruck …

Einige reiche Leute – denn die andern hatten ja keine

Zeit – machten sich auf, diesen Unmenschen zu sehen. Wahrhaftig: Als sie sich dem kleinen Anwesen näherten, rauchte da ein Mann mit einem Spitzbart eine Pfeife, eine lange Pfeife, und auf dem Porzellankopf – das sah man deutlich – war ein buntes Blumengewinde gemalt, mit Engeln, die die Girlandenenden angepackt hielten...Der Mann paffte behaglich und stieß die Rauchwölkchen in die warme Sommerluft, in der sie, hellblauen Gazeschleiern vergleichbar, langsam nach oben entschwebten...Und dieser Mensch verfolgte ihren Aufstieg zufrieden, und wenn eins verflogen war, schickte er ein anderes nach und mochte sich so an diesem Wolkenspiel schon eine ganze Weile erfreut haben. Und nicht genug damit: Er zündete sich die Pfeife, als sie ausging und nicht gleich brennen wollte, dreimal hintereinander an. Da brannte sie. Ja, war er denn toll...? Es schien so.

Denn als der reiche Münchner Engrosschlächter Mauermeier sich dem Manne eilig prustend, um nicht zu viel Zeit zu verlieren, in das Gesichtsfeld schob, da sagte der: „Grüß Gott!" Sagte er und dann mummelte er so recht behaglich an seiner glimmenden Pfeife. Und ehe der Mauermeier sich noch recht erholt hatte, fuhr der Doktor fort: „Ja, wollen wir nicht ein kleines Spaziergängchen machen? – Da seht doch nur, wie hübsch grün schon das wellige Gras ist, über das der Wind läuft, und da drüben die Höhen, auf die ich jetzt zuschreiten will, sind schon durchsichtig bläulich, und das ist ein gutes Zeichen fürs Wetter."

Da nahm sich der Mauermeier die Zeit – denn er hatte es dazu und konnte es sich leisten, Gott sei Dank! –, da nahm er sich die Zeit, ganz schnell einmal zu sagen: „Einsperren sollt man Eahna, Heer Nachbar, z'wegen Verschwendung!" –

Und schob eilig laufend, in der Richtung zum Bahnhof, ab, um den Zug nach München nicht zu verpassen, damit er gleich wieder weiter sparen könne …

Der Doktor aber stand fröhlich lächelnd auf, ergriff das Stöckchen, das ihn auf allen Wegen begleitete, und durchschritt den sauberen, stillen Ort, darinnen er wohnte, besah sich voll guten Mutes die breiten Straßen und die niedrigen Häuser und das achteckige Türmchen auf dem Wirtshaus. Da oben, in dem achteckigen Zimmerchen, mit der Aussicht auf das Dorf und die Berge, habe eine verrückte Gräfin gewohnt, raunten die Leute, und wenn die Nebelschwaden dicht durch die regenschwere Luft zogen, dann schoben sie sich wohl an den acht Fensterchen vorbei, der Ofen knasterte, und eine weißhaarige Dame kroch murmelnd die gewundene Treppe herauf, um hier ein verlorenes Leben zu beschließen … Das überdachte der Doktor, und dann guckte er, ob das Krankenhaus noch an seinem Platz sei, und sah nach der Post, vor der eine alte Rumpelchaise ohne die Gäule aufgestellt war, und nach dem Rathaus – und stand schließlich nicht ab, unterwegens im besten Schmauchen ein kleines Poem zu verfertigen, indem alles darinnen stand: wie schön doch das bisschen Leben sei und wie man nur einmal auf die Welt gesetzt werde und wie er für seine Person auf alle Mauermeiers und Zeitsparer pfeife …

Hagen Haas

Generationen-WG

Alles in allem genoss Paul seinen Ruhestand. Endlich konnte er sich um all die wichtigen Kleinigkeiten des Alltags mit der notwendigen Gewissenhaftigkeit kümmern, für die man gar keine Zeit hatte, wenn man auch noch arbeiten musste. In der Morgenzeitung nicht nur die wichtigsten Artikel zu überfliegen, sondern sie von Anfang bis Ende durchzulesen, fühlte sich gut und richtig an, ebenso wie das wöchentliche Rasenmähen. Langeweile kannte Paul nicht. Nachdem er die Fotos, die sich über viele Jahrzehnte angesammelt hatten, sortiert und, wo er schon einmal dabei war, auch gleich digitalisiert hatte, wandte er sich seinen sämtlichen Versicherungspolicen zu. Nach ausgiebiger Recherche und vielen Stunden in den Warteschleifen der Servicecenter war er endlich überzeugt, weder unter- noch überversichert zu sein und überall die bestmöglichen Tarife und Leistungspakete gewählt zu haben. Aber es gab ja noch so viel anderes zu tun: Auch die Auswahl der richtigen Ärzte war eine Kunst für sich. Und weil man bekanntlich niemandem blind trauen sollte, konnte es auch nicht schaden, sich darüber hinaus selbst schlau über seine

Krankheiten und Zipperlein zu machen, die im Alter ja unvermeidlich zunahmen. Darüber hinaus galt es, sein gutes Recht geltend zu machen und sich von niemandem auf der Nase herumtanzen zu lassen. So befand sich Paul meistens in irgendeinem Rechtsstreit - mit den Nachbarn wegen der Höhe des Gartenzauns, mit dem Stromversorger wegen der Höhe des letzten Abschlags, oder mit dem Paketzulieferer, weil es die Höhe war, dass dieser Päckchen einfach in der Papiermülltonne deponierte. Pauls Leben als Rentner war also – wenn schon nicht glücklich – so doch erfüllt. Der einzige Wermutstropfen war, dass er sich seit dem viel zu frühen Tod seiner Frau öfters einsam fühlte - und er hatte den Fehler gemacht, das seiner Nichte gegenüber einmal zu oft zu äußern. Dennoch hatte er keine Vorstellung davon, was ihn erwartete, als sie ihn eines Tages anrief und er arglos ans Telefon ging.

„Paul, du musst uns helfen! Yannick hat zum Wintersemester einen Studienplatz in Köln bekommen. Aber der Wohnungsmarkt bei euch ist eine totale Katastrophe! Yannick findet keine Wohnung, nicht mal ein WG-Zimmer oder auch nur eine Hundehütte."

„Und was kann ich da tun?", fragte Paul. „Ich habe auch keine Wohnung übrig."

„Aber ein Zimmer! Du sagst doch immer, dass dir das

Haus inzwischen eigentlich viel zu groß ist. Und dass du dir ein bisschen Gesellschaft wünschen würdest!"

„Ja, aber... doch nicht von Yannick", erwiderte Paul überrumpelt.

„Er ist dein einziger Großneffe!", kam es leicht gekränkt durchs Telefon zurück.

„Ich mag den Jungen ja auch", erklärte Paul schnell und schob hinterher: „Aber doch nicht jeden Tag. Bei mir zu Hause."

„Es ist ja auch nur für den Übergang. Bis er etwas Eigenes findet. Und Generationen-WGs sind doch total modern. Da können alle Seiten von profitieren!"

Paul war nicht klar, inwiefern er davon profitieren sollte, dass ein zwanzigjähriger Chaot bei ihm einzog. Aber er war zu überrumpelt, um energisch zu widersprechen. Außerdem hatte seine Frau ihren Großneffen heiß und innig geliebt. Sie und Paul hatten keine eigenen Kinder gehabt und so war Yannick, als er noch kleiner war, tatsächlich so etwas wie der Enkelersatz gewesen. Also murmelte Paul mehr im Andenken an seine verstorbene Frau als aus eigener Überzeugung: „Na gut, versuchen wir's."

Als er auflegte, hatte er das Gefühl, seine spontane Zusage könnte ein Fehler gewesen sein, und dieses Gefühl bestätigte sich sehr bald...

Paul und Yannick schauten dem gemieteten Transporter nach, in dem Yannicks Eltern ihn mitsamt seiner wenigen Möbel nach Köln kutschiert hatten. Als der Wagen um die Ecke bog, wandte Paul sich seinem Großneffen zu: „In Ordnung, Sportsfreund, hier ein paar Regeln: Die Schuhe werden an der Haustür ausgezogen. Wenn du die Küche benutzt, wird dort alles genauso hinterlassen, wie du es vorgefunden hast. Das Gleiche gilt für die Waschküche. Meine Kellerwerkstatt ist tabu. Ab spätestens zehn Uhr ist Nachtruhe." Yannick nickte gutgelaunt. „Alles klar!"

„Ach, ja: und keine Damenbesuche!", stellte Paul klar. „Kein Thema. Ich steh sowieso auf Männer", erwiderte Yannick locker.

Paul war sich nicht ganz sicher, ob das ein dummer Spruch war oder ernst gemeint. Deshalb lächelte er nur leicht verkniffen dazu, bevor er ins Haus zurückging.

In den folgenden Wochen stellte sich heraus, dass die Regel mit dem Damenbesuch tatsächlich die einzige war, an die Yannick sich hielt. Er plünderte regelmäßig Pauls Kühlschrank und veranstaltete Kochorgien, nach denen er Berge von schmutzigem Geschirr stehen ließ. Da er das meistens mitten in der Nacht tat und dabei erstaunlich leise vorging, gelang es Paul nicht, ihn auf frischer Tat zu ertappen. In der Waschküche war es nicht besser. Immer, wenn Paul waschen wollte, musste er regelmäßig erst einmal Yannicks Wäsche aus der Maschine ausräumen. Auch die Wäscheleine hing andauernd voll mit dessen Klamotten. Es schien fast so, als benutze er sie als ausgelagerten Kleiderschrank, denn er hängte einzelne Teile immer erst dann ab, wenn er sie anziehen wollte. Dafür, dass Yannick beim nächtlichen Kochen so leise sein konnte, war er gleich doppelt so laut, wenn er bis weit nach Mitternacht seine Computerspiele spielte. An den ersten Abenden hatte Paul gedacht, sein Großneffe habe englischsprachige Freunde eingeladen mit denen er lautstarke Diskussionen führte. Erst als er Yannick darauf ansprach, erklärte ihm dieser lachend: „Nee, das ist ein Online-Game. Ich chatte parallel mit meinem Team!"

Als Paul von Yannick verlangte, das in Zukunft leiser zu tun, nickte dieser einsichtig und versprach hoch und heilig, sich zu bessern. Das tat er überhaupt immer, wenn Paul ihm eine Rüge erteilte. Und danach machte er genauso weiter wie zuvor.

Nach wenigen Wochen reichte es Paul und rief bei Yannicks Mutter an, um sich zu beschweren. Diese entschuldigte sich stellvertretend für ihren Sohn vielfach und warb um Verständnis: „Yannick hat halt noch nie alleine gewohnt. Er ist nicht gewohnt, dass er alles selbst machen muss. Ich finde es ja toll, dass er überhaupt wäscht und kocht."

„Er verwüstet ja auch nicht deine Küche", knurrte Paul, ließ sich aber schließlich dazu überreden, das Experiment Generationen-WG noch nicht abzubrechen.

Allerdings beraumte er für den Abend eine offizielle Mitbewohnerversammlung an.

„Okay, wer macht den Schriftführer?", witzelte Yannick, wurde aber schnell ernst, als Paul ihm eine detaillierte Liste seiner diversen Beschwerden vorlegte. „Zur Vorbereitung."

Abends setzten die beiden sich an den Küchentisch und Paul ging seine Beschwerdeliste noch einmal Punkt für Punkt durch. Als er geendet hatte, nickte Yannick nachdenklich.

„Ja, gut. Ich verstehe, dass dich das abfuckt."

„Ach, einen Punkt hab ich noch vergessen", hakte Paul ein. „Deine Sprache. Diese ganzen Anglizismen und Neologismen … Das versteht doch kein Mensch."

„Keiner über Dreißig", korrigierte Yannick. Dann fuhr er fort: „Aber um ehrlich zu sein, hab ich mir unsere WG auch geiler vorgestellt. Warum musst du morgens um sieben den Rasen mähen, Alter! Das ist doch creepy! Da schläft doch jeder normale Mensch noch."

„Ich bin Zeit meines Lebens um halb sechs aufgestanden", stellte Paul klar.

Yannick schüttelte fassungslos den Kopf. „Aber jetzt musst du das doch nicht mehr! Du bist in Rente! Du könntest den ganzen Tag chillen!" Ihm fiel selbst auf, dass das wieder ein Anglizismus war. „Also, ich meine: Du könntest es dir so richtig gemütlich machen, dein Leben genießen. Stattdessen sitzt du ständig über irgendwelchen Abrechnungen, telefonierst mit Ämtern, putzt deine Mülltonnen! Wofür?!"

„Damit sie sauber sind", erklärte Paul verständnislos.

„Was ich sagen will…", fuhr Yannick unverwandt fort, „Wozu der ganze Stress? Sei doch froh, dass du nicht mehr arbeiten musst, sondern einfach machen kannst, worauf du Bock hast. Genieß die Zeit, die dir noch bleibt!"

Jetzt reichte es Paul. Er konterte hart: „Damit aus mir so ein Gammler wird wie du? Du hast gerade angefangen, zu studieren. Jetzt müsstest du die Weichen für dein späteres Leben stellen! Aber ich seh dich nie lernen, oder irgendetwas anderes Sinnvolles tun. Meinst du, dass du so jemals etwas erreichst? Willst nicht irgendwann mal eine Frau und Kinder?"

„Also erstens stehe ich immer noch auf Männer", erwiderte Yannick trocken. „Und zweitens hat das alles doch noch Zeit."

„Nicht so viel, wie du denkst."

Paul und Yannick schauten sich über den Küchentisch hinweg an und beide wirkten einigermaßen ratlos.

„Und jetzt?", fragte Yannick schließlich.

Paul dachte angestrengt nach und sagte dann entschlossen: „Ich mache dir einen Vorschlag. Wir tauschen für eine Woche die Rollen. Ich versuche es ruhiger angehen zu lassen. Und du strengst dich dafür mal ein bisschen an."

Yannick blinzelte im ersten Moment irritiert, ließ sich die Sache dann aber durch den Kopf gehen und streckte seinem Großonkel schließlich entschlossen die Hand hin: „Deal!"

Am nächsten Morgen klingelte wie immer um halb sechs Pauls Wecker. Er stellte ihn aus, erhob sich, klopfte laut an Yannicks Zimmertür und rief: „Aufstehen! Die Restmülltonne muss rausgestellt werden!"

Dann ging er zurück ins Bett

und kuschelte sich wieder in die Kissen. Als er gegen halb acht in die Küche kam, saß Yannick dort völlig übermüdet mit einem Kaffee.

„Noch nicht auf dem Weg zur Uni?", fragte Paul mit einem leichten Anflug von Gehässigkeit. Yannick gähnte herzhaft. „Doch, doch. Ich fahr gleich los."

Er erhob sich und stellte klar: „Und du machst heute irgendwas, das Spaß macht."

„Die Steuererklärung?", versuchte es Paul.

„Vergiss es! Sonst leg ich mich gleich wieder ins Bett!" Damit tapste Yannick müde aus der Küche. Paul hätte gerne die Steuererklärung gemacht. Aber schließlich war er ein Ehrenmann. Auf sein Wort war Verlass. Also überlegte er, was er sonst tun konnte. Das Auto musste mal wieder in die Waschanlage. Und die Hecke konnte auch einen akkuraten Schnitt vertragen. Oder sollte er endlich mal die Batterien in den Rauchmeldern austauschen? Das Flusensieb in der Waschmaschine reinigen? Das Moos auf der Kellertreppe entfernen? Erschreckt stellte er fest, dass das alles Dinge waren, die nicht im engeren Sinne Spaß machten. Sie mussten getan werden, aber nichts davon eilte. Hatte Yannick etwa recht, und er vergeudete die Zeit, die ihm noch blieb, mit Dingen, für die sich nach seinem Tod sowieso niemand mehr interessieren würde?

Entschlossen schnappte er sich seine Jacke und verließ das Haus. Als erstes besuchte er seine Frau auf dem Friedhof. Das tat er zwar regelmäßig, aber normalerweise grub, pflanzte, schnitt und werkelte er dann geschäftig um die Grabstätte herum. Jetzt stellte er sich einfach davor, las den Namen und die Lebensdaten auf dem Grabstein und erinnerte sich an sie. Bald schon traten ihm Tränen in die Augen, denn ihn überkam eine tiefe Trauer. Als er schließlich zurück zum Friedhofseingang ging, stellte er fest, dass dieser Besuch zwar keinen Spaß gemacht hatte, aber dennoch fühlten sich die Momente, die er im Andenken an die Liebe seines Lebens verbracht hatte, wertvoll an. Kurz vor dem Tor begegnete Paul einer alten Bekannten seiner Frau, die hier ihren jüngst verstorbenen Bruder besuchte. Unter normalen Umständen hätte Paul höflich gegrüßt und unter allen Umständen versucht, einen Smalltalk schnellstmöglich abzuwürgen. Doch jetzt hatte er ja Zeit und so kamen die beiden ins Gespräch. Es ging um nichts Besonderes, aber es tat einfach gut, sich mal wieder ganz in Ruhe mit jemandem zu unterhalten. Schließlich setzten sie sich sogar gemeinsam in ein Café in der Nähe, wo sie ein Stück Kuchen aßen. Auf dem Rückweg nach Hause lief Paul an einer Buchhandlung vorbei. Er erinnerte sich daran, dass er sich früher einmal vorgenommen hatte, endlich mehr zu lesen, wenn er die Zeit dafür hätte. Also betrat er entschlossen das Geschäft und stöberte so lange herum, bis etwas gefunden hatte, das ihn interessierte. Dann ging er nach Hause und verbrachte den Rest des Tages mit Lesen.

Irgendwann kam Yannick aus der Uni zurück. Er wirkte ziemlich gestresst, vor allem, als Paul ihn daran erinnerte, dass er noch einkaufen musste, weil der Kühlschrank ziemlich leer war. Aber auch für Yannick schien es eine Ehrensache zu sein, sich an seinen Teil der Abmachung zu halten. Also schnappte er sich die Einkaufstaschen und dackelte tapfer wieder los. Danach kochte er und fragte sogar von sich aus, ob Paul mitessen wolle, dann würde er mehr machen. Nach dem gemeinsamen Abendessen räumte Yannick noch müde die Küche auf und verabschiedete sich dann ins Bett. Paul hingegen legte eine gute Schallplatte auf, die er ewig nicht mehr gehört hatte, weil der alte Plattenspieler eigentlich schon seit Jahren nur noch als Staubfänger diente. Dann setzte er sich mit einem Glas Rotwein ans Fenster, hörte Musik und hing seinen Gedanken nach …

Am Ende der Woche fühlte sich Paul so entspannt wie seit Ewigkeiten nicht mehr. Er ließ sich durch seine

Tage treiben und alle Aufgaben, die wirklich wichtig waren, überließ er seinem jüngeren Mitbewohner. An einem Tag war Saugen dran, am nächsten wieder Einkaufen, am dritten das Bad putzen. Yannick wirkte unterdessen von Tag zu Tag erschöpfter und auch sein nächtliches Zocken schien er vorläufig eingestellt zu haben, jedenfalls war nach zehn Uhr nichts mehr aus seinem Zimmer zu hören.

Am Samstagabend stellte er vorsichtig fest, dass ihre Woche ja nun fast vorbei war und auch ein hart arbeitender Mensch doch wohl wenigstens sonntags ausschlafen durfte. Paul sicherte das gnädig zu und so tauchte Yannick am nächsten Tag erst gegen Mittag verschlafen in der Küche auf.

Paul, der sich gerade ein Butterbrot schmierte, empfing ihn gutgelaunt. „Dass du auch noch mal wach wirst! Ich war so nett und hab schon mal die Spülmaschine halb ausgeräumt."

„Halb?", nuschelte Yannick.

„Ja, das war auch das beste Ergebnis, das du vorher abgeliefert hast."

Yannick war noch zu müde, um sich zu wehren, und nickte nur. Kurz darauf saßen die beiden am Küchentisch, Paul mit seinem Butterbrot und Yannick mit einem dampfenden Kaffee.

„Und? Wie war deine Woche so?", erkundigte sich Yannick.

„Gut! Auch wenn ich es nicht gedacht hätte - ich habe tatsächlich etwas gelernt. In Zukunft werde ich nicht immer nur Aufgabenlisten abarbeiten, sondern auch mal Dinge tun, die keinen konkreten Nutzen haben, aber einfach schön sind."

Yannick nickte beifällig. Dann fiel ihm erschreckt ein: „Aber das heißt nicht, dass ich die Hausarbeit jetzt immer alleine machen muss, oder?"

„Ich würde sagen, wir teilen sie uns", schlug Paul generös vor. Dann fragte er neugierig: „Hast du denn auch etwas gelernt?"

Yannick nickte und nahm einen großen Schluck Kaffee.

„Erwachsen sein – also, so richtig erwachsen - ist scheiße anstrengend!"

Paul lächelte amüsiert.

„Und das war alles?", wollte er wissen.

„Nein. Irgendwie war es auch ganz cool, mal zu sehen, wie viel man an einem Tag schaffen kann, wenn man richtig reinhaut", gab Yannick zu. „Und außerdem gibt es jetzt etwas, worauf ich mich schon so richtig freue!"

„Und was ist das?", erkundigte sich Paul.

„Die Rente!", sagte Yannick und beide mussten herzlich lachen.

Rosa Schmidt

Mein Mann, der Rentner, und dieses Internet

Samstag, 14. Januar

Hurra, geht doch! Günther hat ein neues Projekt. Er hat heute feierlich beschlossen, dass unsere Zettelwirtschaft aufhören soll (was ich grundsätzlich begrüße!). Beim Büro Kerber hat er gleich nach dem Frühstück ein DIN A3 großes Haushaltsbuch gekauft. So weit, so gut. Doch nun kommt's. In das Buch soll alles (!) rein. Also nicht nur unsere Ausgaben und Belege, sondern alle Termine, die wir so haben (Arzttermine, aber auch private Treffen!), und sogar, wen wir angerufen (!) haben. „Ich fasse mal zusammen", sage ich, als Günther mir seine Vision für unsere neue Ordnung offenbart. „Wir sollen also über uns selbst eine Stasi-Akte anlegen."

„Rosa, übertreib doch nicht immer so. Es ist einfach sträflich, dass wir so etwas noch nicht gemacht haben. Wir haben ja überhaupt keinen Überblick über unser Leben."

Außerdem hat er in einem Prospekt von Netto gesehen, dass es da zwischen sieben und neun Uhr einen Frühaufsteher-Rabatt gibt. Jeder Angebotszettel von den

Supermärkten soll fortan aufbewahrt und im Heft abgelegt werden. Zitat Günther: „Achte bitte immer darauf, ob unsere Filiale an der Aktion auch teilnimmt. Du findest eine Auflistung meist auf den Rückseiten. Sonst wäre ja alles umsonst."

Bis zum jeweiligen fünften Tag des darauffolgenden Monats will Günther dann alle Ausgaben auswerten. Er wird mir dann „eine Analyse präsentieren". Stelle mir vor, wie er mir eine Excel-Tabelle vorlegt und mit strenger Stimme sagt: „Du hast am Dienstag, den 23. Januar, um 14.02 Uhr bei Aldi einen *Original französischen Weichkäse neun Scheiben* für 1,19 Euro gekauft. Am Mittwoch, den 24. Januar, warst du um 17.32 Uhr wieder dort und hast drei Milchtüten gekauft. Frage: Hättest du beide Einkäufe nicht zusammenführen können? Anders gefragt: Gab es einen zwingenden Grund, warum der Weichkäse noch am Dienstagabend gegessen werden musste? Und hätte es ein vergleichbares Produkt nicht auch bei Netto gegeben? Wenn du dann zwischen sieben und neun Uhr dort gewesen wärst, hätten wir zehn Prozent Frühaufsteher-Rabatt einstreichen können. Vorausgesetzt, der Grundpreis ist in beiden Läden identisch. Das müsste man beizeiten mal recherchieren."

Ogottogottogottogott.

Abends

Sitze am Wohnzimmertisch und klebe doch tatsächlich die Belege von heute in das Haushaltsbuch. Wenn wir irgendwann gefragt werden, wie wir unseren Lebensabend verbracht haben, werde ich wohl antworten müssen: „Nun, wir haben Kassenbons sortiert."

Günther liest währenddessen zufrieden in der Zeitung. Zwischendurch sagt er Dinge wie: „Denk bitte dran, die Bons bündig einzukleben." Was soll's. Eine verzweifelte Ehefrau macht auch alles mit.

Plötzlich ruft Günther: „Warum!"

„Warum was?"

„Das wäre doch mal eine schöne neue Rubrik für die Zeitung. Man könnte sich jedes Mal einen Politiker vornehmen. Warum verdient er so viel? Warum ist der noch im Amt? Solche Fragen eben. Man könnte das als wöchentliche Rubrik aufziehen. Warum - kurz und knapp, das merken sich die Leser." Er macht eine Pause und hält ergriffen inne. „Man müsste sich das Wort schützen lassen."

„Du hast recht", antworte ich. Ich hebe das Haushaltsbuch wie ein Protestplakat in die Luft und rufe: „WARUM?"

Freitag, 20. Januar

Wieder lange mit Julia telefoniert. Günther hat heute Morgen zwei gewaschene Handtücher über die Heizung im Wohnzimmer gehängt. Eins vertikal, eins horizontal. Er wollte ausprobieren, „ob die Hängung Auswirkungen auf die Schnelligkeit der Trocknung hat".

Julia meinte, ich solle mich da nicht hineinsteigern. Im Januar habe doch jeder Probleme, ins neue Jahr durchzustarten. Außerdem machte sie kryptische Andeutungen, dass sie irgendwas in die Post gegeben habe. Was das mit uns zu tun haben soll, erschließt sich mir nicht. „Ich drehe wirklich noch durch", sagte ich. „Gestern habe ich schon überlegt, bei Aldi jedes Teil einzeln zu bezahlen, damit Papa abends mehr Bons zu sortieren hat." Ich musste schlucken. „Das bin doch gar nicht ich!"

Nachmittags war ich noch kurz in der Stadt Handschuhe kaufen. Meine Finger sind in den letzten Tagen mehrmals richtig eingefroren, als ich draußen war. Fühlte mich wie eine Hundertjährige, deren Arthrose austherapiert ist. Als ich neulich beim Bäcker bezahlen wollte, waren die Finger so steif, dass ich an *Edward mit den Scherenhänden* denken musste, während ich in meinem Portemonnaie nach den Münzen kramte und keine so richtig zu packen bekam. Also bin ich heute zu Sport-Meyer am Markt gegangen. Ich muss einen ziemlich verfrorenen Eindruck gemacht haben, denn als ich das Wort „Handschuhe" sagte, strahlte der Verkäufer mich an und rief: „Ich habe genau das Richtige für Sie!" Er lief durch den ganzen Laden, ich taperte steif hinter ihm her. Dann hielt er plötzlich vor einem Regal an und zog ein Paar Handschuhe heraus. „Darf ich vorstellen", sagte er feierlich, „der erste Handschuh mit regulierbarer Heizung. Zwei Heizelemente sind in das Futter integriert, Heizstufenanzeige inklusive. Die Akkus können Sie austauschen. Und das Beste: Die Handschuhe sind gerade im Angebot. Statt 299,95 Euro zahlen Sie nur 269,95 Euro." Er sah mich erwartungsvoll an.

Ich muss nicht nur ziemlich verfroren, sondern auch noch ziemlich reich gewirkt haben. Immerhin. Verließ dankend den Laden und kramte zu Hause noch alte Wildleder-Fäustlinge von Tante Loni aus einer Schublade, bei denen am Daumen die Nähte gerissen sind.

Den Abend mit Stopfen und danach Kassenbons-Einkleben verbracht. Willkommen im Rentnerdasein.

Daniela Vogel

Miss Marple Reloaded

Gestatten, Silke Harpel. Neurentnerin, ledig, keine Kinder, drei Goldfische.

Die letzten Jahrzehnte meines Lebens sind rückblickend ziemlich ereignislos verlaufen. Bürojob, 40-Stunden-Woche mit Urlaubs- und Weihnachtsgeld, die obligatorischen zweiwöchigen Urlaube auf Texel, Weihnachtsfeiern mit meiner rüstigen Mutter unter der Plastiktanne, regelmäßige Teekränzchen mit meinen guten Bekannten (oder heißt das jetzt Bekanntinnen?? – Ach, was soll's: Freundinnen) Leni und Monika. Zwischendurch diverse Bestattungen meiner zahlreichen Mitbewohner – also meiner Goldfische.

Seit ich Rentnerin bin, hat sich meine Tagesroutine komplett verändert. Das war die ersten Wochen gar nicht so leicht. Gleich am ersten Tag – ich hatte den Wecker natürlich ausgeschaltet, um im wohlverdienten Ruhestand ausschlafen zu können – schaute ich mit verschlafenen Augen um 8:55 Uhr auf meinen Wecker ... und bin wie von der Tarantel gestochen aus dem Bett geflogen (wie das mit einer Hüfte, die schon bessere Zeiten erlebt hat, halt so möglich ist). Verschlafen!, war mein erster und einziger Gedanken, während ich mit einer Hand versuchte, die Socken anzuziehen, und mit der anderen die Zähne putzte. Im Nachhinein muss ich sagen: Respekt! Ich glaube, in meinem ganzen Arbeitsleben habe ich es nie geschafft, in unter sechs Minuten angekleidet im Auto auf dem Weg ins Büro zu sein. 9 Uhr schaffte ich natürlich trotzdem nicht, aber Punkt 9:21 Uhr, nach einem lautstarken Kampf um die letzte Parklücke, stand ich in der dritten Etage und schnaufte erst einmal durch.

„Frau Harpel, haben Sie uns schon vermisst? – Scherz beiseite, was führt Sie denn an Ihrem ersten Tag im Ruhestand schon wieder ins Büro? Haben Sie was Wichtiges liegen lassen?", wurde ich plötzlich von hinten angesprochen.

Ruhestand?! – Ups.

Jetzt keine Blöße geben.

„Ja ... jaja, so ist es. Tja, man wird halt nicht jünger. – Hihi. – Ich bin auch schon wieder weg. Jetzt hab ich alles. Einen schönen Tag noch, Frau ..." Und damit rannte ich förmlich aus dem Gebäude. Wie peinlich. Hatte ich jetzt echt vergessen, dass ich nun Rentnerin war?

Vorsorglich klebte ich mir die nächsten zwei Wochen Hinweiszettel an Türen, Schränke und Spiegel: „Du bist jetzt in RENTE!" Nicht, dass so etwas noch mal passierte.

Ich gewöhnte mich also so langsam an die Tage ohne Arbeit. War ja auch ganz schön, mal ein Buch in Ruhe zu Ende zu lesen, den Garten auf Vordermann zu bringen und überhaupt mal die Seele baumeln zu lassen. Gut, das wurde mir nach ziemlich genau 15 Tagen dann wirklich zu langweilig und ich machte mich auf die Suche nach neuen Beschäftigungen. Was man da so alles finden kann: Haben Sie schon mal eingekocht oder Marmelade gemacht? Kann ich nur empfehlen. Ich habe nun einen Vorrat an Weckgläsern im Keller; vermutlich muss ich 110 werden, bis ich das alles verspeist habe. Außerdem habe ich Hausputz gemacht. Also so richtig. Dabei habe ich in der hinteren Ecke des Wohnzimmerschranks mein altes grünes Telefon mit Wählscheibe gefunden. Das ist ja jetzt schon wieder retro, hat Leni gemeint. Damit könne ich bestimmt meine Rente aufbessern. Na, vermutlich eher damit als mit den benutzten Taschentüchern und Bonbonpapierchen, die ich in den Sofaritzen gefunden habe.

Und dann habe ich an Tag 21 meines Ruhestands gedacht, ich muss auch das Klischee mal ausprobieren. Welches Klischee, fragen Sie sich? Na das „Rentner sitzt am Fenster hinter der Gardine und beobachtet stundenlang den Gehweg"-Klischee. Das kennen Sie doch sicher.

Ich war gut vorbereitet. Nicht nur, dass ich mir meinen bequemsten Sessel, samt Fußhocker und einer Tasse Oolong-Tee ans Fenster gestellt hatte, ich war auch mit einem Fernglas bewaffnet. Haha! Mir würde also nichts entgehen. Am Morgen hatte ich mit mir selbst vereinbart, dass ich den ganzen Tag durchhalten würde. Ich fand, sonst konnte man doch wirklich nicht beurteilen, wie das so ist. Ob die Langeweile überwiegen würde oder die Neugierde? Ich war gespannt.

Die ersten fünf Stunden passierte rein gar nichts. Gut, unser schlaksiger Postbote brachte Herrn Wilde von schräg gegenüber ein anscheinend ziemlich schweres Paket, so wie der junge Mann ächzte, aber das war's auch schon. Mal lief Heinemanns Katze von rechts nach links, mal setzte sich ein Vöglein auf meinen Gartenzaun ... Uff! Das würde ein laaaanger Tag. Aber Aufgeben war nicht drin.

Es wurde 16 Uhr. Noch zwei Stunden, dann würde ich das Experiment beenden und – Stand jetzt – niemals wiederholen. Wie konnten sich andere Rentner sowas nur antun? Freiwillig! Täglich! Da machte es ja mehr Spaß, sich im Shoppingkanal erklären zu lassen,

warum man auf die neue Super-X-2500-Rektalsalbe
nicht verzichten könne.

17 Uhr. Jetzt musste ich mich regelrecht zwingen, nicht
dem stetigen Tack-Tack meiner Wohnzimmeruhr mit
den Augen zu folgen, sondern diese weiterhin auf die
Straße zu richten.

Ich nahm noch mal das Fernglas zur Hand. Vielleicht
saß ja auf Heinemanns Zaun, vier Häuser weiter, auch
dieser hübsche Vogel mit dem lila-roten Gefieder, versuchte ich mir das Treiben draußen schmackhaft zu
denken. – Nein. Kein Vogel in Sicht. Aber Heinemanns
weißer SUV stand mit offener Heckklappe in der Ein-

fahrt. Gerade als ich mit meinem Fernglas herüberschwenkte, fiel ein 20er-Pack Toilettenpapier aus dem überfüllten Kofferraum. Dahinter entdeckte ich noch mehr Toilettenpapier. Viel mehr! Unglaublich. Hatten die Heinemanns den Supermarktvorrat aufgekauft? War denn schon wieder Hamstern angesagt? Mist, ich hatte irgendwas nicht mitbekommen. Wie viele Rollen waren denn noch im Keller? Nicht, dass das die nächsten acht Wochen nicht ausreichen würde. Und Mehl? Hefe? Oje…

Jetzt mal nicht in Panik verfallen!, rief ich mich zur Ordnung. Der „Rollen-Wahnsinn" meiner Nachbarn hatte bestimmt einen Grund. Einfach mal weiter beobachten – zumindest noch 38 Minuten, verriet mir ein kurzer Blick Richtung Uhr.

Leider passierte nicht mehr viel. Herr Heinemann hob das Paket auf, stopfte es zurück in den Kofferraum, schloss den Wagen ab, ging ins Haus und wart nicht mehr gesehen.

Ich war erleichtert, als der Zeiger mit einem weiteren Tack Punkt 18 Uhr anzeigte und ich in rasender Geschwindigkeit meinen Platz am Fenster räumte. Tag 21 meines Ruhestands war bisher leider der schlechteste gewesen und ich hatte noch keine Idee für Nummer 22.

Dieses Problem sollte sich allerdings am nächsten Morgen um 10:02 Uhr lösen, als es an meiner Tür klingelte. Ich hatte gerade ausgiebig gefrühstückt und meine Rückengymnastik gemacht. Noch mit einem Handtuch um meine nassen Haare geschlungen, öffnete ich die Tür.

„Guten Morgen, Frau Marpel", grüßte mich Frau Heinemann.

„Harpel", antwortete ich.

„Wie meinen?"

„Mein Name. Harpel. Silke Harpel."

„Ah, ja. Genau. Frau Harpel."

„Guten Morgen. Was kann ich denn für Sie tun, Frau Heinemann?", fragte ich neugierig. Ich war schon ein wenig überrascht, denn mit Familie Heinemann hatte ich eigentlich so gar nichts zu tun.

„Ja, äh, ich hoffe, ich störe nicht. Wir suchen verzweifelt unsere Maja. Sie ist einfach nicht vom Spielen nach Hause gekommen. Wir haben schon überall gesucht. Ich bin völlig fertig, hab nicht geschlafen…"

„Um Gottes willen!", rief ich entsetzt. „Haben Sie denn schon die Polizei gerufen? Die arme Kleine! Hoffentlich ist nichts passiert." Ich war geschockt. Ich kannte die Tochter der Heinemanns gar nicht, aber wenn so etwas in der Nachbarschaft passierte… Schrecklich! Komisch, dass noch nicht überall in der Straße Wagen mit Blaulicht standen.

„Nein, nein. Soweit wollten wir noch nicht gehen", antwortete da Frau Heinemann. „Wir hoffen ja, dass sie doch noch wieder auftaucht. Ich dachte, ich klingle mal in der Nachbarschaft. Vielleicht hat sie ja jemand gesehen."

Ich war irritiert. Also wenn mein Kind (hätte ich denn eins) seit gestern vermisst würde, hätte ich schon längst von der Polizei über die Feuerwehr bis hin zum Dorf- und Heimatverein alle mobilisiert.

„Und?", fragte in dem Moment Frau Heinemann.

„Und was?", fragte ich zurück.

„Und, haben Sie sie vielleicht gesehen?"

„Äh, naja, ich weiß ja gar nicht, wie Maja aussieht", sagte ich verlegen.

„Ach, schon okay. Maja ist noch recht jung. Sie ist vier …"

Oje oje! Erst vier. Und da konnte die Mutter noch so ruhig bleiben? Ui ui ui ui ui!

„… hat wunderschöne grüne Augen …"

Na immerhin ein Merkmal, durch das sie vielleicht schneller gefunden werden konnte. Gab ja nicht viele Menschen mit grünen Augen.

„… und pechschwarzes Fell."

Was??

Fell?

„Sagen Sie bloß …" Ich schluckte. „Frau Heinemann, sprechen Sie von Ihrer Katze?", fragte ich fassungslos.

„Ja natürlich, Frau Marpel, von wem denn sonst?"

„Du lieber Himmel, und ich dachte, wir sprechen von Ihrer Tochter", rief ich erleichtert.

„Aber, Frau Marpel …"

„Harpel!"

„Ja genau. Frau Harpel, wir haben doch gar keine Tochter. Unser Sohn ist zehn und heißt Ben."

Ich fing an zu kichern. Und dann lachte ich schon fast hysterisch auf. Meine Güte, war ich erleichtert, dass in unserer Straße keine potenzielle Entführung oder so was stattgefunden hatte. Ich musste mich erst einmal setzen.

„Frau Heinemann, kommen Sie doch mit rein. Kaffee oder Tee?"

Nach der ersten Tasse Tee ging es mir direkt besser und auch Frau Heinemann war etwas weniger panisch. Sie erzählte, sie und ihr Mann hätten Katze Maja zuletzt gestern Nachmittag gesehen, als sie sie zum Spielen (Schrägstrich Mäusefangen) nach draußen gesetzt hätten, um zum Einkaufen zu fahren.

Das erinnerte mich an etwas anderes.

„Frau Heinemann, ich will ja nicht indiskret sein, aber mir ist gestern zufällig aufgefallen, dass Sie doch recht viel Toilettenpapier in Ihrem Kofferraum hatten…" Oje, wie sagte man das denn jetzt, ohne wie ein Spanner zu wirken? Frau Heinemann schaute schon leicht irritiert.

Ich entschloss mich, ihr von meinem Experiment zu erzählen, damit sie nicht dachte, ich würde nun regelmäßig mit meinem Fernglas ihr Grundstück beobachten. Sie lächelte.

„Ach, wissen Sie, ich habe da so eine Marotte. Ich sammle diese Sparcoupons, die immer in der Zeitung liegen, wissen Sie? Und es gab da gestern diese super extra mega Aktion der Firma Saug-X. Sie glauben ja nicht, was wir da gespart haben! Naja, jetzt haben wir halt erst mal einen etwas größeren Vorrat an Toilettenpapier, aber das braucht man ja immer, nicht wahr? Hihi." Frau Heinemann kicherte. „Wir wissen auch noch gar nicht, wohin damit. Haben ja keinen Keller. Mein Mann hat die Pakete jetzt erst einmal im Kofferraum eingesperrt, bis ich Platz im Vorratsraum geschaffen habe. Das wär ja auch schon längst passiert, wenn nicht Maja verschwunden wäre…"

Ja, die kleine Maja. Schon merkwürdig. Sie sei so ein gutes und zuverlässiges Tier, laut Frau Heinemann.

Noch nie wäre sie einfach so verschwunden. Und wenn in unserer Straße statt Kindes- nun Katzenentführer ihr Unwesen trieben? Eher unwahrscheinlich. Klein Maja hatte keinen Stammbaum und einer besonderen Rasse gehörte sie auch nicht an. Sie war – außer für Familie Heinemann – nichts wert.

Moment! Hatte Frau Heinemann nicht gerade etwas von „Toilettenpapier eingesperrt" gesagt? Ich hab's!, dachte ich und sprang auf.

„Frau Heinemann, ich habe den Fall gelöst."

„Bitte?"

„Ich glaube, ich weiß, wo Ihre Maja steckt." Ich war mir sicher.

„Ach wirklich, Frau Marpel?"

„Harpel, Frau Heinemann, Harpel."

„Ja. Jaja. Aber wo ist sie denn nun?", wollte sie ungeduldig wissen. „Und warum sind Sie sich plötzlich so sicher, obwohl Sie mir vor zehn Minuten erzählten, Sie hätten unsere Katze nur gestern Morgen gesehen?"

„Ich habe kombiniert, Frau Heinemann", erklärte ich. „Ich sah, wie aus Ihrem Kofferraum ein Paket Toilettenpapier fiel. Kurz drauf kam Ihr Mann, schloss das Auto und ging weg."

„Ja und?", unterbrach mich Frau Heinemann.

„Wenn mich nicht alles täuscht, ist kurz vor meinem

Blick durch das Fernglas Ihre Katze in den Kofferraum gesprungen. Deshalb fiel das Paket heraus. Sie hat es angestoßen. Nachdem Ihr Mann das Auto verschloss, konnte sie nicht mehr heraus. Sie muss also immer noch in Ihrem Auto sitzen!"

Gott, was war ich gut! Da musste ich mich wirklich mal selbst loben.

Jetzt musste meine These nur noch stimmen.

„Auf zu Ihrem Auto, Frau Heinemann!"

Das musste ich nicht zweimal sagen. Sie stand schon an der Tür und vermutlich sorgte nur anerzogene Höflichkeit dafür, dass sie nicht vorrannte und mich in der geöffneten Tür stehenließ.

Keine Minute später standen wir vor ihrem Wagen und Frau Heinemann kramte nach dem Zweitschlüssel. Es machte Klack und wir zogen zeitgleich zwei Türen auf.

„Maja? Schatzilein, wo bist du?", rief Frau Heinemann in einem leichten Singsang.

„Kleine Maja", schnurrte auch ich und beugte mich in den Wagen.

Da bewegte sich ein Paket Toilettenpapier und keine Sekunde später tauchte ein pechschwarzer Kopf daneben auf. Frau Heinemann war völlig aus dem Häuschen und tanzte mit der Katze auf dem Arm neben dem Auto auf und ab.

„Ach, Frau Marpel, Sie sind ein Schatz! Was hätten wir nur ohne Sie gemacht?"

„Harpel, meine Liebe."

„Nein, nein", rief da Frau Heinemann und blickte mich durchdringend an. „Ich glaube, Sie sind tatsächlich Frau Marpel. Miss Marple, um genau zu sein." Sie lächelte. „Wer so gut kombinieren kann, ist eine würdige Nachfolge, finden Sie nicht?"

Wo sie recht hatte …!

Seit diesem Tag spricht mich der eine oder andere in unserer Straße tatsächlich mit „Miss Marple" an, was mich regelmäßig zum Lächeln bringt. Frau Heinemann hat jedem, der es hören (und nicht hören) wollte, meine Ermittlungsgeschichte, wie sie es nannte, erzählt.

Und ich? Ich habe durch diesen Tag eine neue Leidenschaft für mich entdeckt. Nein, nicht „Rentner sitzt am Fenster hinter der Gardine und beobachtet stundenlang den Gehweg", aber die Ermittlerei, das Tüfteln und alles Geheimnisvolle. Ich lese nun gerne Kriminalromane, gehe regelmäßig zu sogenannten Krimi-Dinnern und: Kennen Sie schon Escape-Rooms? Wirklich fantastisch. Hach, nun werde ich in meinem Ruhestand noch eine waschechte Ermittlerin. Miss Marple Reloaded sag ich da nur.

Quellen

Ilse Gräfin von Bredow, Nachbarin, Euer Fläschchen,
Aus: Ilse Gräfin von Bredow, Das Hörgerät im Azaleentopf
© 2009, S. Fischer Verlag GmbH, Frankfurt am Main.

Gitta Edelmann, Mein Handy und ich
© bei der Autorin.

Thomas Göthel, Sigi Sunset
© beim Autor.

Hagen Haas, Generationen-WG
© beim Autor.

Hape Kerkeling, Supertramp und Amanda Lear ausrangieren?
Ich werfe doch meine Jugend nicht in die Tonne!,
Aus: Hape Kerkeling: Frisch hapeziert. Die Kolumnen.
© 2018 Piper Verlag GmbH, München.

Regine Kölpin, Nie mehr allein.
© bei der Autorin.

Käthe Lachmann, Immer weiter
© bei der Autorin.

Achim Leufker, Old's cool,
Aus: Anna Lisa Azur und Elias Raatz, An die Rollatoren,
fertig, los!
© 2023 Dichterwettstreit Deluxe, Villingen-Schwenningen.